교과서에 나오는 한국사 인물

그림으로 보는
시대를 이끈 인물들

◉ 사진 제공
42쪽-삼봉 기념관(박종필), 43쪽-경복궁도(국립민속박물관), 68~70쪽-징비록(국립중앙박물관),
74쪽-존덕사(류시석), 94쪽-무예도보통지(국립한글박물관), 103쪽-화성성역의궤(국립중앙박물관), 팔달문/방화수류정(수원시),
104~105쪽-단원 풍속도첩(국립중앙박물관), 110쪽-정조 편지(국립고궁박물관), 117쪽-동학지(국립중앙박물관),
124쪽-사발통문(국립중앙박물관), 137쪽-동학 농민 혁명 기념관(동학농민혁명기념재단), 182쪽-백범일지(국립한글박물관)

교과서에 나오는 한국사 인물
그림으로 보는 시대를 이끈 인물들

개정판 1쇄 발행 2022년 5월 10일
개정판 3쇄 발행 2024년 11월 30일

글 황은희 왕흥식 김현숙 | **그림** 송영훈

발행인 오형석
편집장 이미현 | **편집** 정은혜 | **디자인** 이희승
발행처 (주)계림북스
신고번호 제2012-000204호 | **등록일자** 2000년 5월 22일
주소 서울시 마포구 창전로 74 여촌빌딩 3층
대표전화 (02)7079-900 | **팩스** (02)7079-956
도서문의 (02)7079-913
홈페이지 www.kyelimbook.com

ⓒ 황은희 왕흥식 김현숙, 2022
이 책에 실린 글과 그림, 사진의 무단 전재나 복제를 금합니다.

ISBN 978-89-533-3460-1 74900 | 978-89-533-3457-1(세트)

그림으로 보는 시대를 이끈 인물들

교과서에 나오는 한국사 인물

글 황은희, 왕흥식, 김현숙 | 그림 송영훈

계림북스

역사 속 인물들과 함께 역사 여행을 떠나요!

역사는 아주 오랜 옛날부터 지금까지 살아온 사람들의 이야기예요. 우리가 잘 알고 있는 인물부터 잘 알려지지 않은 사람들 모두가 역사의 주인공이지요. 그들은 온갖 어려움 속에서도 나라를 지켜 내고, 더 나은 세상을 만들기 위한 노력을 기울였어요. 그들이 살아온 삶이 모여 역사가 이어져 온 것이랍니다.

우리가 역사를 공부하는 것은 역사 속 인물을 만나는 과정이에요. 그들이 어떤 생각을 가지고 살아왔고, 그들이 꿈꾸었던 세상은 어떤 모습인지 찾아보는 것이지요. 역사 속 인물들의 업적을 만날 때마다 '나라면 어떻게 했을까?'라고 한 번씩 생각해 보세요. 그들의 삶을 보고 느끼면서 앞으로 어떤 삶을 살아야 할지 깨닫게 될 거예요.

　이 책은 초등학교 교과서에 나오는 역사 속 인물들을 중심으로 엮었어요. 시대를 이끈 인물들, 도전하는 인물들, 정의로운 인물들의 생생한 이야기가 담겨 있지요. 이들은 새로운 시대를 개척하고 더 나은 세상을 만들기 위해, 나눔을 실천하고 다른 사람들이 생각하지 못한 일을 먼저 생각해 냈어요.

　그런데 잠깐, 역사 속 인물들의 수많은 업적 뒤에는 묵묵히 자신들의 삶을 살아 낸 이름 없는 분들의 노력도 있지요. 그들 덕분에 정도전이 한양을 설계하고, 유성룡이 조선을 지켜 내고, 정조가 수원 화성을 만들고, 전봉준이 새로운 세상을 꿈꿀 수 있었지요. 또 김구가 독립을 위해 일생을 바칠 수도 있었고요.

　그럼 지금부터 역사 속 인물들이 들려주는 이야기를 들으며, 재미있고 의미 있는 역사 여행을 시작해 볼까요?

황은희, 왕홍식, 김현숙

차례

조선을 설계한 정도전

- 귀양지에서 백성들의 삶을 보다 ……… 12
  - 정몽주와 마음을 나누는 친구가 되었어요
  - 친원파와 맞섰어요
  - 귀양지에서 보고 느낀 백성들의 삶
- 이성계와 새로운 세상을 꿈꾸다 ……… 18
  - 이성계를 찾아 함흥으로 갔어요
  - 요동 정벌은 아니 되오!
  - 위화도에서 군대를 돌렸어요
- 토지 제도를 바꾸고, 조선 건국을 설계하다 ……… 24
  - 백성의 수를 헤아려 토지를 나누어라!
  - 오랜 친구 정몽주의 죽음
  - 새 왕조 조선이 세워졌어요
- 한양 도성을 설계하고 나라의 기틀을 세우다 ……… 30
  - 새 도읍지 한양을 설계했어요
  - 〈조선경국전〉을 만들었어요
  - 정도전이 만들고자 한 세상은?
- 이방원에게 죽임을 당하다 ……… 36
  - 이방원과는 하나 될 수 없었어요
  - 요동 정벌을 주장했어요
  - 왕자의 난 때 죽음을 맞았어요

한걸음 더 새로운 평가를 받는 정도전 ……… 42

조선을 지켜 낸 명재상, 유성룡

- 이황의 제자가 되다 ……… 46
  - 어릴 때부터 신동이라 불렸어요
  - 이황이 제일 아끼는 제자, 유성룡
  - 중요한 관직을 두루 맡았어요
- 중심을 잃지 않은 유성룡 ……… 52
  - 남다른 지혜를 가졌어요
  - 신하들 간의 대립에도 균형을 잃지 않았어요
  - 오랜 평화로 전쟁을 대비하지 못한 조선

한걸음 더 임진왜란이 일어난 배경 ……… 58

- 임진왜란을 극복하다 ……… 60
  - 전쟁을 대비했어요
  - 광해군을 세자로 추천했어요
  - 명나라로 향하는 선조를 막았어요
  - 벼슬을 내려놓게 되었어요

- 조선의 훗날을 위해 〈징비록〉을 쓰다 ·············· 68
  - 고향으로 돌아와 〈징비록〉을 썼어요
  - 일본과 중국에서 더 인기였던 〈징비록〉
  - 백성들이 진심으로 슬퍼했어요

한걸음 더 병산 서원을 찾아서 ·············· 74

조선의 개혁을 꿈꾼 정조

- 가슴에 아픔을 품고 자라다 ·············· 78
  - 어려서부터 총명했어요
  - 아버지 사도 세자의 죽음을 보다
  - 영조를 대신해 나라를 다스리다

- 영조에 이어 왕위에 오르다 ·············· 84
  - 조선의 제22대 왕이 되었어요
  - 왕이 되어서도 죽음의 공포에 시달렸어요
  - 정조에게 필요한 것

- 왕권을 강화하는 정책을 실시하다 ·············· 90
  - 외척과 반대파를 제거했어요
  - 규장각을 설치해 인재를 길러 냈어요
  - 국왕 직속 부대인 장용영을 설치했어요

- 신도시 화성에서 새로운 꿈을 펼치려 하다 ·············· 96
  - 사도 세자의 능을 수원으로 옮겼어요
  - 신도시 수원 화성을 건설했어요
  - 정조는 화성에 자주 갔어요

한걸음 더 수원 화성 한 바퀴 ·············· 102

- 스러져 간 정조의 꿈 ·············· 104
  - 김홍도 그림으로 백성의 모습을 살폈어요
  - 자유롭게 장사하는 상인들이 늘었어요
  - 갑작스러운 죽음과 꽃피우지 못한 꿈

한걸음 더 정조가 남긴 비밀 편지들 ·············· 110

동학 농민 운동을 이끈 녹두 장군 전봉준

- 동학을 만나다 ·················· 114
  - 몸집이 작아 녹두라고 불렸어요
  - 동학을 접하고 새로운 세상을 꿈꾸다
  - 동학 교도들, 최제우의 억울함을 풀려 하다

  한걸음 더 동학이 뭐예요? ·················· 120

- 고부에서 농민들이 들고일어나다 ·················· 122
  - 고부 군수 조병갑에게 시달린 고부 농민들
  - 아버지의 죽음에 더욱 분노한 전봉준
  - 고부 농민들이 들고일어났어요
  - 억울한 죄인을 풀어 주고 백성들에게 곡식을
    나눠 주었어요

- 농민이 주인 되는 세상을 꿈꾼 동학 농민 운동 130
  - 동학 농민 운동이 일어났어요
  - 황토현에서 승리를 거두었어요
  - 동학 농민군이 전주에서 화약을 맺고
    해산했어요

  한걸음 더 농민들의 자치 행정 기구인 집강소 136
  - 동학 농민 운동 과정에 벌어진 청일 전쟁
  - 외세를 몰아낼 것을 주장하며 다시 일어섰어요

- 지금도 기억되는 동학 농민 운동의 정신 ·········· 142
  - 전봉준이 체포되었어요
  - 역적의 누명을 쓰고 죽음을 맞이했어요
  - 되살아난 녹두 장군 전봉준

나라의 독립과 통일을 위해 평생을 바친 김구

- 동학을 접하고 평등한 세상을 만들려 하다 ·········· 150
  - 엄청난 개구쟁이였어요
  - 과거장에서 맞닥뜨린 잘못된 세상
  - 동학을 접하고 이름을 바꾸었어요

- 불의를 참지 못해 옥살이를 하다 ·················· 156
  - 참스승 고능선을 만났어요
  - 국모의 원수를 갚으려 일본인을 죽였어요
  - 감옥에서 탈출했어요

- 대한민국 임시 정부를 찾아가다 ·················· 162
  - 신민회에 가입해 활동하고, 이름을 김구로
    바꿨어요

  - 3·1 운동 이후 중국으로 건너갔어요
  - 대한민국 임시 정부에서 일하게 되었어요
- **대한민국 임시 정부의 문지기로 살다** ………… 168
  - 어려움 속에서 임시 정부를 지켜 냈어요
  - 한인 애국단을 만들었어요
  - 충칭으로 옮겨 간 대한민국 임시 정부
  - 한국광복군을 조직했어요
- **한반도에 통일 정부를 세우려 하다** ………… 174
  - 드디어 꿈에 그리던 조국으로 돌아오다
  - 신탁 통치 반대 운동을 벌이다
  - 남한만의 총선거 실시가 결정되었어요
  - 통일 정부 수립을 위해 북으로 가다
  - 죽는 순간에도 외쳤을 나의 소원

한걸음 더 백범 김구 기념관을 찾아서 ………… 182

〈부록〉 시대를 이끈 인물들 연보

우리 역사 속 큰 업적을 이룬 왕 곁에는 늘 뛰어난 신하들이 있었어요.

조선을 세운 이성계 옆에도 그런 신하가 있었지요. 바로 정도전이에요. 조선의 기틀을 마련하는 데 정도전의 손이 닿지 않은 것이 없었어요. 한양 도성을 설계하고, 나라를 다스리는 법전도 마련했지요. 도대체 정도전은 어떻게 이런 큰일을 한 것일까요?

지금부터 정도전의 삶을 따라가 보며 그가 어떤 세상을 만들려고 했는지 알아보아요.

조선을 설계한 정도전

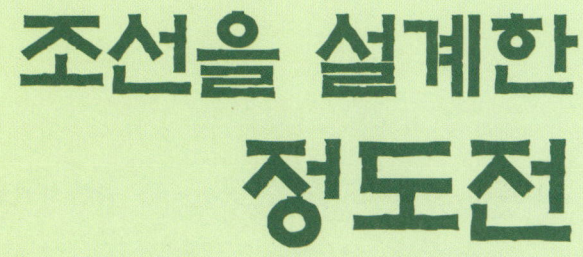

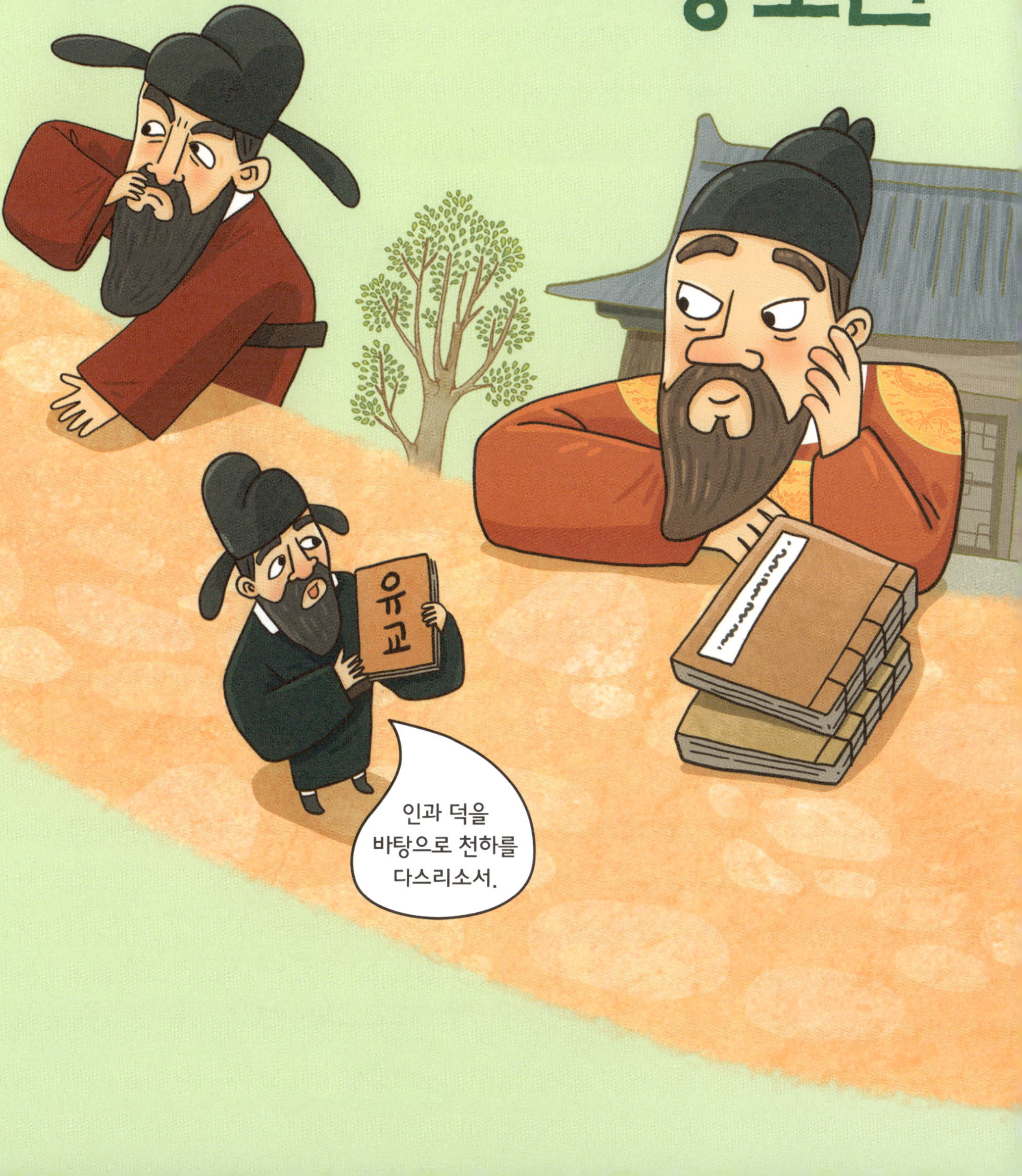

인과 덕을 바탕으로 천하를 다스리소서.

귀양지에서 백성들의 삶을 보다

정몽주와 마음을 나누는 친구가 되었어요

정도전의 할아버지는 경상도 봉화에 있는 관청의 관리였어요. 관직이 낮고 집안이 그리 넉넉한 편은 아니었지요. 그의 아버지가 과거에 급제해 벼슬을 하면서 형편이 조금 나아졌어요. 이후 정도전은 개경에서 지내게 되었지요. 그 후 과거 시험에 합격해 최고 교육 기관인 성균관에 들어가 이색 밑에서 공부했어요. 이때 그와 함께 공부한 사람이 있었어요. 바로 정몽주예요. 정도전은 정몽주보다 다섯 살 아래였지만, 서로 친구처럼 지냈지요.

서로 얼마나 아끼는 사이였는지 짐작할 수 있는 이야기가 전해져요. 정도전은 아버지에 이어 어머니마저 돌아가시자, 고향에 내려가 3년 동안 묘를 지켰어요. 그때 정몽주가 책을 보냈어요. 당시 정몽주의 어머니도 돌아가신 터라 여유가 없는 상황이었지요.

정도전은 정몽주가 보내 준 〈맹자〉를 하루에 반 장 이상 읽었어요. 천천히 읽으며 마음속 깊이 새기려고 말이에요. '백성이 있어야 나라가 있다.'라는 책의 내용은 그의 마음을 사로잡았지요.

책 배달 왔어요~.

상중이라 정신없을 텐데….

친원파와 맞섰어요

정도전은 정몽주와 비슷한 시기에 벼슬길에 올라 나랏일을 하게 되었어요. 당시 공민왕은 원나라를 등에 업은 친원파를 누르고 원나라 간섭에서 벗어나기 위해 새로운 인재를 많이 뽑았어요. 정도전, 정몽주와 같이 성리학*을 공부하고 과거에 합격한 새로운 세력을 '신진 사대부'라고 해요. 이들은 원나라를 북으로 몰아내고 중국의 새로운 강자가 된 명나라와 친하게 지내야 한다고 주장했어요. 공민왕은 이들을 중요한 관직에 앉혔어요. 신하들은 친원파와 친명파로 갈려 맞섰지요.
그런데 1374년에 공민왕이 죽자, 개혁은 물거품이 되었어요. 열 살밖에 안 된 어린 우왕이 왕위에 오르고 친원파가 다시 나라를 좌지우지했지요. 어느 날 원나라가 힘을 합쳐 명나라를 공격하자는 제안을 하기 위해 고려에 사신을 보내왔어요. 친원파는 정도전에게 원나라 사신을 맞이하고 접대하라고 했지요. 눈엣가시 같은 정도전을 없애려는 속셈이었어요. 하지만 친명파인 정도전은 친원파의 명령을 따르지 않았어요.

★**성리학** 유학의 한 갈래로, 인간의 삶이나 우주의 원리 등을 연구하는 학문이에요.

조선을 설계한 정도전

명나라와 친하게 지내자!

명

친명

친원

15

귀양지에서 보고 느낀 백성들의 삶

명령을 어긴 정도전은 전라도 나주로 유배를 가게 되었어요. 유배지에서 백성들의 생활을 본 정도전은 큰 충격을 받았어요. 당시 지배층들이 넓고 기름진 땅을 차지해 배불리 먹고 떵떵거리며 사는 동안, 백성들의 삶은 말이 아니었거든요. 왜구의 노략질에 짓밟혔고, 갖가지 부당한 세금을 내며 가난과 배고픔에 죽어 나가는 사람도 많았어요.

조선을 설계한 정도전

어느 날, 정도전은 들판에서 나이 든 농부를 만났어요. 농부는 송곳 하나 꽂을 땅도 없이 힘들게 살아가는 자신의 딱한 처지에 한숨만 내쉬었지요. 백성들이 살아가는 모습을 두 눈으로 본 정도전은 백성을 위한 세상을 만들겠다고 결심했어요.

이성계와 새로운 세상을 꿈꾸다

이성계를 찾아 함흥으로 갔어요

유배 생활에서 풀려난 정도전은 이곳저곳을 떠돌며 지냈어요. 그러다 삼각산 밑에 움막을 짓고 공부하며, 제자들을 가르쳤어요. 지배층과 손잡고 배만 불리는 부패한 불교에 대해서도 날카롭게 비판했지요. 당시 중국의 홍건적과 일본의 왜구는 백성들을 괴롭혔고, 지배층인 권문세족은 여전히 자기들 배만 채우기 바빴지요. 정도전은 더 이상 가만있을 수 없다고 생각했어요.

★**권문세족** 높은 벼슬을 지내며 권세가 높은 가문을 가리켜요.

조선을 설계한 정도전

정도전은 자신과 함께 세상을 바꿀 사람을 찾아 함흥으로 향했어요.
홍건적과 왜구를 물리치며 이름을 날리던 이성계를 만나기 위해서지요.
"장군의 군대가 훌륭하오. 저 군대라면 무슨 일이든 할 수 있을 듯하오."
이성계의 늠름한 군대를 본 정도전은 마음이 흐뭇했어요. 이성계도 정도전의
말을 듣고 그의 마음을 읽었어요. 바로 자신과 함께 새로운 세상을 만들어
가자는 정도전의 계획을요. 그날 밤 둘은 밤새 이야기를 나누며,
서로가 꼭 필요한 사람임을 확인했지요.

이성계는 분명 나와 손잡고 큰일을 할 인물이야.

요동 정벌은 아니 되오!

그러던 어느 날, 중국 대륙의 새 주인이 된 명나라가 철령 이북 땅을 내놓으라고 우겼어요. 원래 원나라가 차지하고 있었던 땅이니 새로 중국의 주인이 된 자기들이 다시 갖겠다고 했어요. 최영은 이에 반발했지요.

"이참에 명나라가 차지하고 있는 요동을 정벌해 버립시다. 어차피 요동은 옛 고구려 땅인데 못 할 일 없소이다."

하지만 정도전과 이성계는 최영과 생각이 달랐어요. 정도전은 정몽주를 따라간 명나라에서 그들의 막강한 힘을 보고 왔거든요.

음…
난 최영 말을 따라야지.

요동을 정벌하러 가는 게 겁나는 거요?

최영 →

조선을 설계한 정도전

- 농사일이 바쁜 여름철에 군사를 동원하는 것은 옳지 않다.
- 무덥고 큰비로 활을 사용할 수 없고, 군사들이 전염병으로 어려움을 겪는다.
- 요동을 공격하는 틈을 타 왜구가 쳐들어올 가능성이 높다.

← 이성계

"작은 나라가 큰 나라를 거스르는 일은 있을 수 없는 일입니다. 또…….."
이성계는 네 가지 이유를 들어 요동 정벌을 반대했어요. 고려가 힘이 센 명나라를 공격하는 것은 결코 이롭지 않다는 생각에서였죠. 하지만 우왕은 이성계의 뜻을 받아들이지 않고 최영의 말만 들었지요. 결국 이성계는 왕의 명령에 따라 군대를 이끌고 요동 정벌 길에 올라야 했어요.

위화도에서 군대를 돌렸어요

이성계가 이끄는 군대는 압록강 가운데 있는 섬, 위화도에 다다랐어요. 하지만 더 이상 앞으로 나아갈 수 없었어요.
"큰비로 더 이상 압록강을 건너 요동을 정벌하는 것은 불가능하옵니다."
이성계는 우왕에게 편지를 써 요동 정벌을 그만둘 것을 건의했어요. 하지만 우왕과 최영은 뜻을 꺾지 않았어요. 결국 1388년, 이성계는 장수들을 설득해 요동 정벌이 무리한 일임을 알리고 개경으로 돌아가기로 마음먹었어요. 이를 '위화도 회군'이라고 해요.

조선을 설계한 정도전

개경으로 돌아오는 이성계 군대를 최영 군대가 막아섰지만 당해 낼 수 없었지요. 개경을 차지한 이성계는 최영을 귀양 보내고, 목숨마저 빼앗아 버렸어요. 또 우왕을 내쫓고 창왕을 왕위에 올렸지요. 정도전은 더 높은 벼슬을 얻고 이성계의 든든한 참모가 되었어요. 이후 정도전은 이성계를 도와 새 왕조를 세우기 위한 일을 하나하나 해 나갔어요. 창왕마저 왕씨가 아닌 승려 신돈의 자식이라며 내쫓고, 허수아비 같은 공양왕을 앉혔어요. 이때 정몽주도 정도전과 뜻을 같이했어요.

토지 제도를 바꾸고, 조선 건국을 설계하다

백성의 수를 헤아려 토지를 나누어라!

친원파를 없애고 권력을 잡았지만, 이성계는 곧바로 왕이 되지는 않았어요. 새 왕조를 열려면 우선 백성과 신하 들의 마음을 얻어야 했거든요. 정도전과 이성계는 이를 위한 일들을 하나둘 해 나갔어요.

정도전 등 신진 사대부 세력은 백성들을 위한 토지 제도를 새롭게 마련하려고 했어요. 정몽주, 조준 등과 뜻을 모아 토지 제도를 바꾸어 나갔어요.

이전의 토지 문서를 불태워 버리고 권문세족들의 땅을 빼앗아 나라 땅으로 만들었어요. 그들의 반발이 만만치 않았지만, 힘 있게 밀어붙였어요. 그런 뒤 정해진 땅에서 농민들로부터 세금을 거둘 수 있는 권리를 새로운 관리들에게 주었어요. 그러자 관리들은 경제적으로 나아졌고, 농민들도 이중 삼중으로 내던 세금을 나라나 관리에게 정해진 비율만큼만 내니 형편이 나아졌지요. 나라 살림살이도 더 좋아졌고요.

오랜 친구 정몽주의 죽음

고려의 앞날을 놓고 신진 사대부 안에서 의견이 나뉘었어요. 정도전을 중심으로 한 세력은 새 왕조를 세워야 한다고 주장했어요. 하지만 정몽주를 중심으로 한 세력은 고려의 잘못된 점만 고치고 나라를 그대로 유지해야 한다고 했지요. 스승인 이색도 정몽주와 같은 생각이었어요. 이제 두 세력은 더 이상 하나가 될 수 없었지요. 정도전은 반대파를 없애려고 했으나 뜻대로 할 수 없었어요. 오히려 정도전이 유배를 가게 되었어요.

그러던 어느 날, 명나라에서 돌아오는 아들을 마중하러 해주로 간 이성계가 말에서 떨어져 심하게 다쳤어요. 정몽주는 무릎을 탁 쳤어요. 이성계를 없앨 수 있는 좋은 기회였던 거죠. 하지만 이를 눈치챈 이성계의 아들 이방원이 먼저 손을 썼어요.

"정몽주가 우리 집안을 해칠 것입니다. 얼른 집으로 오십시오."

이성계는 아픈 몸을 이끌고 집으로 돌아와야 했지요. 며칠 지나 정몽주가 상황을 엿보려고 병문안을 왔어요. 결국 이방원은 부하를 시켜 정몽주를 선죽교 다리에서 죽이고 말았지요.

새 왕조 조선이 세워졌어요

정도전이 이성계와 함께 새 왕조를 여는 일은 순조로웠지요. 토지 제도를 고쳐 백성들의 마음을 얻었고, 자기들과 뜻이 다른 정몽주마저 죽였으니 말이에요. 신하들은 이성계에게 왕위에 오르라고 했어요. 그는 처음에는 손을 내저었어요. 신하들의 요청은 강하게 이어졌고, 결국 1392년에 이성계가 왕위에 올랐고, 새 왕조가 세워졌지요.

조선을 설계한 정도전

왕위에 오르는 이성계를 지켜보는 정도전은 어떤 마음이었을까요?
정도전은 술에 취하면 이런 말을 했어요.
"중국 한나라를 세운 고조 옆에 장량이라는 신하가 있었지. 그런데 고조가 장량을 이용해 나라를 세운 게 아니오. 오히려 반대로 장량이 고조를 이용해 자기가 만들고 싶은 나라를 만든 거지."
술기운에 한 말이지만 이성계를 통해 자신이 만들고 싶은 세상을 만들겠다는 그의 속마음을 드러낸 셈이지요.

조선을 설계한 주인공은 나야, 나!

한양 도성을 설계하고 나라의 기틀을 세우다

새 도읍지 한양을 설계했어요

새 나라 조선이 세워진 뒤, 정도전은 이성계의 명령에 따라 조선 왕조의 새로운 궁궐이 될 만한 곳을 찾아보았어요. 고려 왕실의 터전이었던 개경에서 벗어나 새로운 곳에서 새 시대를 열고 싶었던 것이지요. 계룡산, 한양 등 여러 도읍지 후보 중 한반도 중심에 있는 한양을 도읍지로 정했어요. 한양은 산으로 둘러싸여 방어에도 좋고, 한강이 흘러 교통이 편리한 곳이었지요. 넓고 평평한 땅이라 새 도읍지로 딱 좋은 곳이었어요. 이후 계획대로 도성이 척척 건설되었지요.

조선을 설계한 정도전

북악산을 등지고 남쪽을 바라보도록 조선의 으뜸 궁궐인 경복궁 터를 잡았어요. '경복'은 오래도록 큰 복을 누리라는 뜻이지요. 경복궁 왼쪽에는 종묘, 오른쪽에는 사직단으로 위치를 정했지요. 궁궐이 다 지어지기도 전인 1394년에 도읍을 한양으로 옮겼어요. 이후 궁궐이 완성되었고 도읍을 둘러싼 산 능선을 따라 성벽을 쌓아 경계를 짓고, 네 개의 큰 문과 네 개의 작은 문을 내었어요.

〈조선경국전〉을 만들었어요

조선의 첫 번째 임금인 이성계는 중요한 나랏일을 정도전에게 맡겼어요. 정도전은 정말 많은 일들을 해냈어요. 명나라에 사신으로 가 조선 건국의 정당성을 알렸어요. 유교(성리학)에 따라 나라를 다스리도록 했고요. 여진족도 토벌했지요. 조선의 기본 법전인 〈조선경국전〉도 만들어 조선을 다스리는 기준을 제시했어요. 고려 시대까지는 형식을 갖춘 문서로 된 법이 없었는데, 정도전에 의해 만들어진 셈이에요.

조선을 설계한 정도전

'임금의 지위는 높다면 높고 귀하다면 귀하다. 그런데 임금이 백성의 마음을 얻지 못한다면 크게 걱정할 일이 생길 것이다.' 정도전은 〈조선경국전〉에서 임금이 백성의 마음을 얻어 다스려야 한다고 이야기했어요. 〈조선경국전〉은 조선 왕조를 다스리는 기준을 종합적으로 제시한 법전으로, 훗날 만들어지는 조선 최고의 법전인 〈경국대전〉의 바탕이 되었어요.

정도전이 만들고자 한 세상은?

정도전의 최종 목표는 조선을 세우고 이성계를 왕으로 만드는 것이었을까요? 그렇지 않아요. 그는 새로운 세상을 꿈꿨어요. 왕은 하늘의 뜻과 같은 백성의 마음을 얻어야 된다고 했어요. 만약 왕이 자신의 책임을 다하지 못해 백성의 마음을 잃으면, 왕은 언제든 교체되어야 한다고 했지요.

그는 왕이 아닌 최고 신하인 재상이 중심이 되어 나라를 이끌어 가야 한다고 했어요. 왕이 현명한 재상을 잘 선택하고, 그 재상이 큰 힘을 갖고 나라를 다스리는 것이 마땅하다고 했지요. 하지만 이런 생각은 훗날 그가 목숨을 일찍 잃게 되는 이유가 되었어요.

이방원에게 죽임을 당하다

왕자들이 자기 군대를 만드는 데 혈안이 되어 있다니….

이방원과는 하나 될 수 없었어요

이성계가 왕위에 오르는 데 정도전과 함께 큰 공을 세운 사람이 있어요. 바로 이성계의 아들 이방원이지요. 그런데 이방원은 그 공을 제대로 인정받지 못했고, 세자가 되지도 못했지요. 오히려 배다른 동생인 방석이 세자가 되었어요. 이방원은 왜 이렇게 찬밥 신세가 된 것일까요? 그건 이성계의 두 번째 부인 신덕왕후가 자신이 낳은 아들을 세자로 앉히고 싶어 했기 때문이에요. 게다가 정도전도 같은 생각이었고요.

또 이방원은 정도전과 달리 왕은 누구에게도 휘둘리지 않는 강력한 힘을 가져야 한다고 생각했어요. 생각이 다른 정도전과 이방원은 도저히 함께할 수 없었지요. 이후 정도전은 세자 방석의 스승이 되었어요. 아마도 세자의 스승이 되어 자신이 만들고 싶은 나라의 모습에 대해 가르치려고 한 게 아닐까요? 그리고 이방원과 다른 왕자들의 힘을 약하게 만들 방법을 생각했어요. 호시탐탐 왕의 자리를 노리는 그들이 언제 무슨 일을 할지 모르니 말이에요.

요동 정벌을 주장했어요

그러던 중 정도전에게 위기가 닥쳤어요. 당시 조선은 큰 나라인 명나라의 인정을 받는 것이 중요했어요. 명나라는 종종 이것저것 트집 잡아 조선을 괴롭혔지요. 이번에는 황제와 황태자에게 올린 글이 무례하다며 글을 쓴 정도전을 당장 명나라로 보내라고 한 거예요. 이성계는 그럴 수 없었지요. 대신 다른 신하들을 보냈어요. 명나라는 또다시 정도전을 보내라고 했어요. 명나라로 가면 죽을지도 모르는데, 이를 받아들일 수는 없었지요. 정도전은 꿈쩍도 않고, 오히려 요동 정벌을 준비했어요.

요동을 정벌하려면 많은 군대가 필요했어요. 그는 왕족과 신하들의 군사를 나라의 군대로 만들려고 했어요. 이참에 이방원과 왕자들의 힘을 빼앗아, 걱정거리도 없애려고 했지요. 하지만 그가 하는 일에 반대하는 신하들이 하나둘 생겨났어요.

왕자의 난 때 죽음을 맞았어요

이방원도 더 이상 정도전을 두고 볼 수만은 없었지요.

"아버님이 위독하니 왕자들을 모두 궁궐로 들어오라고 했다고? 이는 분명 정도전이 우리 왕자들을 죽이려고 꾸민 일이다."

이방원은 정도전이 왕자들을 죽이려고 한다는 구실로 군대를 일으켰어요.

그게 바로 '제1차 왕자의 난'이에요.

결국 1398년, 정도전은 이방원의 칼에 쓰러졌어요. 어린 방석과 그의 형 방번도 죽임을 당했고요.

조선을 설계한 정도전

조선을 세우고, 튼튼히 하기 위해 일생을 바친 정도전은 결국 죄인이 되어 역사 속에서 사라졌어요. 이후 요동 정벌의 꿈도, 신하가 중심이 되어 나라를 이끌려고 했던 그의 꿈도 물거품이 되었지요.
만약 정도전이 이방원과 손잡았다면 그는 더 오래 살 수 있었을까요? 그랬을지도 모르죠. 하지만 그건 상상할 수 없는 일이에요. 정도전과 이방원이 꿈꾼 세상이 너무도 달랐으니까요.

한걸음 더

새로운 평가를 받는 정도전

정도전은 조선에서 어떤 대우를 받았을까요? 조선을 건국하고 설계한 사람이니 제대로 대접받았을 거라고요? 천만에요. 조선에서는 오랫동안 정도전의 이름을 이야기하는 것 자체가 금지 사항이었지요. 자칫 그의 이름을 말했다간 어찌 될지 몰랐거든요. 그의 죽음에 대해서도 목숨을 살려 달라고 애원하다가 죽은 것처럼 기록해 두었다고 해요. 사실은 그렇지 않았는데 말이에요. 조선의 제3대 왕인 태종 이방원에게 죽임을 당한 그를 인정할 수 없었던 거예요.

ⓒ박종필

삼봉 기념관

위치 경기도 평택시 진위면 은산리
전화 031-666-1385
관람료 무료

삼봉 정도전을 기리는 기념관으로, 2004년 11월 24일에 개관했어요. 기념관에는 〈삼봉집〉 목판과 시문, 문집 등의 유물들이 보관·전시되어 있어요.

460여 년이 지나서야 정도전은 조금씩 공을 인정받기 시작했어요. 흥선 대원군이 임진왜란 때 불탄 경복궁을 다시 지으면서, 경복궁을 설계한 정도전의 공을 인정하게 된 것이지요. 그리고 최근에는 조선 건국의 설계자로 새롭게 평가받으며 많은 사람들에게 인정받고 있답니다. 또한 재상이 중심이 되어 나라를 이끌고자 했던 그의 생각은 또 다른 정치 형태를 지향했음을 보여 주지요.

경복궁이란 이름을 지은 것도 바로 나!

경복궁도

임진왜란 때 나라를 지킨 인물 하면 누가 떠오르나요? 이순신이 떠오른다고요? 맞아요. 이순신이 없었으면 조선의 운명은 어찌 되었을지 몰라요. 하지만 이순신도 이 사람이 없었으면 제 역할을 할 수 없었을 거예요. 바로 선조 때의 이름난 재상, 유성룡이지요. 도대체 그가 어떤 일을 했기에 그를 가리켜 '조선의 명재상'이라고 할까요? 지금부터 그 이야기를 살펴보아요.

조선을 지켜 낸 명재상, 유성룡

이황의 제자가 되다

어릴 때부터 신동이라 불렸어요

유성룡은 1542년, 경상도 의성에서 태어났어요. 그의 집안은 안동의 풍산 유씨로, 명문가로 손꼽히는 가문이었지요. 아버지는 황해도 관찰사를 지냈고, 어머니 집안도 좋았어요. 한마디로 뼈대 있는 집안의 후손이었지요. 유성룡은 주로 한양에서 어린 시절을 보냈어요.

조선을 지켜 낸 명재상, 유성룡

그는 어릴 때부터 생각이 깊고 침착했어요. 글공부를 무척 열심히 해, 똑똑하고 총명하기로 이름난 아이였지요. 얼마나 영특했는지 여섯 살 때 〈대학〉을 읽고, 여덟 살에 이미 〈맹자〉를 배웠어요. 주변 사람들도 유성룡을 보면 항상 칭찬을 아끼지 않았어요. 그런데 그가 어렸을 때부터 친하게 지냈던 사람이 있어요. 바로 이순신이지요. 유성룡은 이순신 둘째 형의 친구로, 이순신보다 세 살 위였지만 서당도 함께 다니며 이순신과도 무척 가까이 지냈어요.

이황이 제일 아끼는 제자, 유성룡

어느덧 스물한 살 청년이 된 유성룡은 당대 최고 학자인 이황을 찾아갔어요. 이황은 벼슬을 마다하고 고향인 안동에 내려와 제자들에게 글을 가르치고 있었지요. 유성룡은 도산 서원으로 찾아가 이황의 제자가 되었어요.

"유교 경전을 읽는 것은 현재의 일들을 잘 해결하기 위한 것이다. 또 역사를 공부하는 것은 오늘을 이해하기 위함이다."

유성룡이 친구들에게 한 말로, 그가 왜 공부에 매진했는지 알 수 있어요.

"이 청년은 하늘이 내린 인재이니 앞으로 크게 될 것이다!"

이황은 유성룡이 공부하는 모습을 보고 이렇게 이야기했대요. 그동안 이황이 그 누구에게도 하지 않은 칭찬이에요. 유성룡이 얼마나 뛰어난 제자였는지, 이황이 그를 얼마나 특별하게 여겼는지 알 수 있는 이야기지요. 이황은 유성룡이 장차 나라를 위해 큰일을 할 인물임을 알아본 거예요. 유성룡도 이황을 진정한 스승으로 섬기고 모셨지요.

중요한 관직을 두루 맡았어요

유성룡은 이황을 믿고 따르며 열심히 공부해 20대 중반에 과거에 급제했어요. 천재로 불리던 그였기에 성균관에 입학한 지 2년 만에 과거에 급제했지요. 글솜씨가 뛰어나 외교 문서를 작성하는 벼슬을 맡게 되었어요. 몇 년 후에는 명나라 사신으로 가게 되었어요. 명나라에서 학생들과 토론을 벌이기도 했지요. 명나라 학생들은 유성룡의 높은 학문에 감탄했어요. 명나라로 간 유성룡은 기량을 마음껏 보여 주고 온 뒤, 중요한 관직을 두루 맡으며 탄탄대로를 달렸어요.

조선을 지켜 낸 명재상, 유성룡

그런데 유성룡에게 슬픈 일이 생겼어요. 만난 지 7년 만에 이황이 세상을 떠나고 말았거든요. 스승의 죽음은 그에게 깊은 슬픔을 안겨 주었지요. 유성룡은 스승인 이황을 기릴 수 있는 방법을 고민했어요. 그러다 안동 하회 마을 서쪽 언덕 아래 서당을 지으려고 했지요. 하지만 그의 뜻대로 되지 않았어요. 유성룡은 서당을 지어 드리진 못했지만 이황을 기리기 위해 자신의 호를 서쪽의 언덕이라는 뜻의 '서애'라고 지었어요.

중심을 잃지 않은 유성룡

남다른 지혜를 가졌어요

유성룡의 지혜와 사람 됨됨이를 알 수 있는 이야기 하나가 전해져요.
선조 임금이 여러 신하들이 모인 자리에서 이야기했어요.
"내가 옛날의 군주 중에 누구와 가장 닮았는가?"
이 질문에 한 신하는 옛날 중국 역사에서 태평성대를 만든 요순 임금과 같다고 했어요. 그러자 김성일은 요순 임금도 될 수 있지만 걸왕과 주왕 같은 임금이 될 수도 있다고 했어요.

김성일의 이야기를 들은 선조의 얼굴이 굳어졌어요. 걸왕과 주왕은 신하들을 괴롭히고 나랏일을 제대로 하지 않아 포악하기로 이름난 임금들이었거든요. 그러자 유성룡이 거들며 이야기했어요.

"요순 같다고 한 것은 임금을 요순 같은 훌륭한 왕으로 만들겠다는 것이고, 걸왕과 주왕 같은 임금이 될 수도 있다고 한 것은 항상 그리되지 않도록 조심해야 한다는 의미입니다. 모두가 전하를 생각하는 충성스러운 마음에서 한 이야기입니다."

유성룡의 이야기를 듣고서야 선조의 표정이 밝아졌어요.

신하들 간의 대립에도 균형을 잃지 않았어요

유성룡이 정승으로 있을 때 조선은 혼란스러웠어요. 바로 붕당으로 인한 신하들 간의 대립이 심했거든요. 하지만 유성룡은 늘 균형감을 잃지 않고 행동하려고 노력했어요. 신하들의 대립 속에서도 휘말리지 않았지요. 당파를 가리지 않고 나라를 위해 행동했고, 사리에 맞게 일을 처리했어요.

나라를 위해서라면 반대파와 힘을 합치기도 했고, 같은 편과 맞서기도 했어요. 유성룡은 권력을 차지하려고 수단과 방법을 가리지 않는 신하들의 모습이 싫었어요. 신하들 간의 대립을 이용해 자신의 힘을 키우려는 선조 임금이 못마땅하기도 했지요. 하지만 유성룡은 현명한 재상으로 자신의 자리를 잘 지켜 내며 나라의 앞일만 생각했어요.

★붕당 정치적 의견이나 학문적 생각이 같은 신하들끼리 모인 집단이에요. 서로 비판하며 견제하던 정치를 '붕당 정치'라고 해요.

오랜 평화로 전쟁을 대비하지 못한 조선

조선은 약 200년 동안 큰 전쟁 없이 평화로웠어요. 오랜 기간 평화가 지속되다 보니 국가를 방어하는 체계가 약해진 상태였지요. 당시 일본은 도요토미 히데요시가 혼란한 상황을 통일한 직후였어요. 일본은 조선에 사신을 보내 달라고 요청했어요. 조선은 그들의 요청대로 사신단을 보냈어요. 일본이 조선을 침략할지도 모른다는 소문이 사실인지 알아보기 위한 마음도 컸지요. 사신단을 이끄는 책임자로 황윤길과 김성일이 떠났어요.

조선을 지켜 낸 명재상, 유성룡

그런데 난처한 일이 벌어졌어요. 일본의 상황을 살피고 돌아온 그들이 서로 다른 이야기를 했거든요. 황윤길은 일본이 쳐들어올 것이라고 했고, 김성일은 그럴 일은 절대 없을 거라고 했어요. 두 사람의 의견이 엇갈리자 신하들 간에도 이러쿵저러쿵 말이 많았어요. 김성일의 의견을 받아들인 조선 정부는 어느 정도 마음을 놓았지만 유성룡은 그럴 수 없었어요.

임진왜란이 일어난 배경

통일이 되기 전 일본은 100여 년 동안 전쟁으로 혼란스러운 상황이었어요. 무사들이 권력을 차지하기 위해 다투던 시기였죠. 이러한 혼란을 통일하고 정권을 잡은 사람이 있어요. 바로 도요토미 히데요시예요. 일본을 통일했지만 아직까지 안심할 수는 없었어요. 군사를 거느린 각 지역의 세력가들이 언제 들고일어날지 모르니까요.

도요토미 히데요시는 무사들의 세력을 약화시킬 방법을 고민했어요. 그리고 마침내 그들의 눈을 다른 곳으로 돌리기 위해 전쟁만큼 효과적인 게 없다는 생각을 하게 되었지요.

또한 당시 명나라가 해상 무역을 통제했기 때문에 일본은 경제적 어려움을 겪고 있었고, 이를 해결하기 위해 명나라를 침략하기로 마음먹었어요. 결국 도요토미 히데요시는 명나라를 치겠다는 명분을 내세워 조선을 침략했어요. 바로 임진왜란이 일어난 것이지요. 조총으로 무장한 일본군은 막강했어요. 또 오랜 평화로 전쟁을 치를 힘이 없던 조선을 손에 넣는 일은 그리 어려운 일이 아니라고 생각했어요.

← 도요토미 히데요시

임진왜란을 극복하다

전쟁을 대비했어요

"군사를 이끌고 명나라를 정벌하러 갈 테니 길을 비켜 주시오."
일본에서 온 편지를 보고 신하들은 의견이 나뉘었어요. 유성룡의 마음은 더욱 불안했어요. 선조도 마찬가지였고요. 유성룡은 전쟁을 대비해야 한다고 생각했어요. 이대로 있다간 나라의 운명이 어찌 될지 모르니까요.

조선을 지켜 낸 명재상, 유성룡

유성룡은 정읍 현감이라는 지방의 낮은 관직에 있던 이순신을 7단계나 높은 전라 좌수사로 추천했어요. 그에게 바다를 지키게 할 작정이었지요. 어려서부터 이순신을 봐 온 유성룡이 이순신의 능력을 알았기 때문이지요. 또 권율을 추천해 육지를 지키도록 했어요. 일본의 침략에 대비하기 위해 곳곳에 군인들을 배치했지요.

광해군을 세자로 추천했어요

전쟁의 기운이 거세지자 유성룡은 광해군을 세자로 앉힐 것을 청했어요. 어떤 일이 일어날지 모르니 대비하려는 마음에서였지요. 하지만 선조 임금은 그의 청을 듣지 않았어요. 적장자가 아닌 광해군을 세자로 앉히고 싶지 않았던 거예요. 그런데 1592년, 임진왜란이 일어나자 일본군은 순식간에 부산진성과 동래성을 함락하고 북으로 치고 올라왔어요. 전쟁을 대비하지 못했던 조선 군사들은 맥을 못 추고 무너졌어요.

전쟁이 일어나자 선조는 허둥지둥했어요. 급한 마음에 일단 광해군을 세자로 앉히고 왕의 권한을 세자에게 나눠 주어 나랏일을 담당하게 했어요. 유성룡에게는 함께 나랏일을 도맡게 하고, 모든 군대를 지휘하는 벼슬도 내렸어요. 한양은 전쟁이 일어난 지 20여 일만에 일본군 손에 넘어갔어요. 선조는 한양 도성을 버리고 허겁지겁 피란길에 올라 개성과 평양을 거쳐 의주에 도착했어요. 백성들은 도망치듯 한양을 떠나는 왕의 가마를 막아서며 돌을 던졌어요. 피란 가는 임금을 따르는 신하가 채 100명도 안 되었지요.

★**적장자** 첫 번째 부인이 낳은 맏아들을 말해요.

조선을 지켜 낸 명재상, 유성룡

명나라로 향하는 선조를 막았어요

선조는 압록강을 건너 명나라로 가려 했어요.

"전하, 아니 되옵니다. 왕의 수레가 조선 땅 밖을 나가면 조선 땅은 더 이상 우리 것이 아닙니다."

유성룡은 선조를 막아섰어요. 명나라도 선조가 오는 것을 마땅찮게 여겼어요. 혹여 조선이 일본과 모의해 명나라를 치려는 게 아닌지 의심했거든요. 결국 선조는 명나라로 가는 것을 포기했어요.

얼마 후 명나라에서 지원군이 도착했고, 유성룡은 명나라 지원군과 함께 평양성을 되찾았어요. 그리고 그 기세를 몰아 한양까지 되찾았어요. 바다에서는 이순신이, 행주산성에서는 권율이 큰 활약을 펼치며 일본군을 막아 냈지요. 한양으로 돌아온 유성룡은 최고 벼슬인 영의정에 올라 나랏일을 책임지게 되었어요. 그는 군사를 정비하고 나라를 지키는 데 온 힘을 쏟았어요. 백성들의 생활을 안정시키기 위한 여러 가지 정책들도 추진했고요.

벼슬을 내려놓게 되었어요

전쟁으로 조선 땅은 쑥대밭이 되었어요. 게다가 전염병이 돌아 백성들의 생활은 더욱 힘들었어요. 먹을 게 없어 죽어 나가는 사람도 많았고요. 곳곳에 시체들이 나뒹굴었어요. 그러던 중 명나라가 일본과 화의를 하고 전쟁을 그만두려 했어요. 유성룡도 그들의 뜻을 막을 수는 없었어요. 더 이상 전쟁이 어려웠으니까요. 한편 힘을 모아 바다에서 일본군을 물리치던 이순신과 원균의 생각이 서로 달랐어요. 때마침 일본 장수가 군사를 이끌고 온다는 소식이 들렸고 왕은 출동 명령을 내렸어요. 하지만 이순신은 믿을 수 없는 정보라 여겨 명령에 따르지 않았어요. 결국 이순신은 옥에 갇히게 되었어요.

★화의 전쟁을 멈추고 화해하려고 의논하는 것을 말해요.

당장 유성룡을 파직하라!

유성룡이 어쩌고저쩌고.

조선을 지켜 낸 명재상, 유성룡

명나라와 일본도 서로의 요구를 굽히지 않고, 의견이 좁혀지지 않아 화의가 깨져 버렸어요. 1597년, 일본군이 다시 쳐들어와 정유재란이 일어났어요. 이순신은 옥에서 풀려나 바다로 나가 다시 일본군에 맞서 싸웠지요. 그즈음 명나라의 심기를 건드린 일이 있었어요. 조선이 일본과 함께 명나라를 공격하려 한다는 잘못된 정보가 전해졌고, 명나라 황제는 분노했어요. 반대파 신하들은 유성룡이 명나라로 가 사실이 아님을 밝히고 와야 한다고 했어요. 유성룡이 가지 않자 그를 모함해 관직을 빼앗았지요. 결국 유성룡은 반대파 신하들 때문에 벼슬을 내려놓게 되었어요.

조선을 걱정하는 마음은 변함없는데….

조선의 훗날을 위해 <징비록>을 쓰다

고향으로 돌아와 <징비록>을 썼어요

"뭐라, 이순신이 노량에서 숨을 거두었다고?"

유성룡이 관직에서 물러날 때 슬픈 소식을 들었어요. 바로 이순신의 죽음이었지요. 유성룡은 마음이 너무 아팠어요. 그래서 그는 고향으로 내려가 이 책을 꼭 써야겠다고 마음먹었어요. 바로 <징비록>이지요. 징비란 '지난 일을 경계하여 앞날의 근심거리를 없앤다.'는 뜻이에요. 한마디로 조선을 이끈 재상의 뼈아픈 반성문이었어요.

유성룡은 제자들에게 학문을 가르치고, <징비록>을 쓰는 데 힘을 쏟았지요. 고향에 내려와 지내는 동안 다시 벼슬이 내려졌는데도, 그는 미련 없이 거절했어요. 임진왜란을 돌아보며 지난날을 반성하는 것이 조선을 위해 더 필요한 일이라고 생각했기 때문이지요. 그는 조선을 지킨 명재상답게 조선의 앞날을 걱정하며 <징비록>을 썼어요.

일본과 중국에서 더 인기였던 〈징비록〉

유성룡은 임진왜란을 겪으면서 경험한 이야기를 〈징비록〉에 세세하게 기록했어요. 앞으로 조선에서 다시는 전쟁이 일어나지 않도록 대비하기 위해서였지요. 임진왜란이 일어나기 전 상황부터 전쟁이 끝나는 날까지 모든 일들을 적었어요.

조선을 지켜 낸 명재상, 유성룡

임진왜란 중의 여러 전투뿐만 아니라 전쟁 중 백성들의 힘겨운 삶과 조선과 일본 사이의 외교, 의병들의 활약 등을 기록했지요. 〈징비록〉은 그가 죽은 뒤 26년이 지나 책으로 만들어졌어요. 그런데 조선보다 일본에서 먼저 인기를 끌었어요. 임진왜란의 실패 원인을 알고 싶었던 일본이 번역본을 냈거든요. 이후 청나라에까지 소개되어 중국에서도 인기였어요. 〈징비록〉은 임진왜란뿐만 아니라 세 나라의 외교 관계까지 두루 살펴볼 수 있었거든요.

백성들이 진심으로 슬퍼했어요

여기저기서 통곡 소리가 들려왔어요. 고향에 내려온 지 10년이 지난 66세에 유성룡은 병에 걸려 세상을 떠났어요. 그가 아프다는 소식을 들은 선조 임금이 궁궐의 의원을 보내기도 했지만 소용없었어요.
"장사하는 게 뭐가 중합니까? 어른의 마지막 길을 보렵니다."
상인들은 시장 문을 닫고 그를 추모했어요.

조선을 지켜 낸 명재상, 유성룡

임금님이 귀한 약을 내려 주셨건만….

항상 나라와 백성을 위했던 유성룡의 죽음에 백성들은 부모를 잃은 것처럼 슬퍼했어요. 부드럽지만 단호했던 유성룡은 신하들에게뿐만 아니라 백성들에게도 믿음을 얻었지요. 그렇다면 조선은 유성룡의 바람대로 지난날을 경계하고 훗날을 잘 대비했을까요? 아니랍니다. 30여 년 후 병자호란이 일어났거든요. 하지만 〈징비록〉 덕분에 500여 년이 지난 지금 임진왜란에 대해 자세히 알 수 있답니다.

병산 서원을 찾아서

병산 서원은 유성룡의 위패가 모셔져 있는 서원이에요. 서원이란 지방에 있던 사립 교육 기관이지요. 병산 서원은 고려 시대 교육 기관인 풍악서당을 유성룡이 안동시 풍천면 병산리로 옮겨 온 거예요. 조선의 제25대 왕인 철종 때에 병산이라는 이름이 내려졌어요. 병산은 강변에 병풍처럼 산이 펼쳐져 있다고 해서 붙여진 이름이에요. 서원 앞에는 낙동강이 흐르고 주변 산들이 감싸고 있지요.

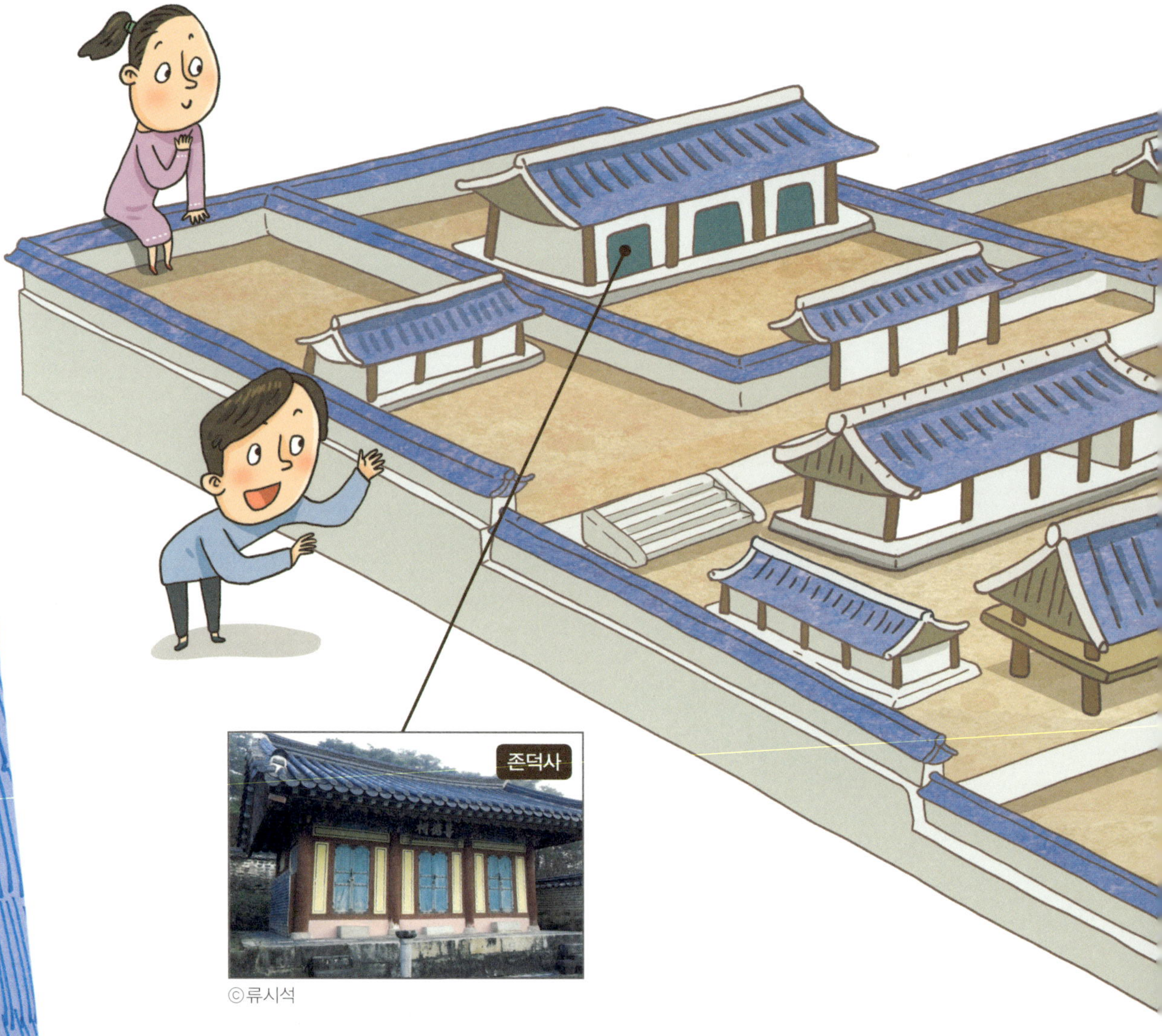

존덕사

ⓒ류시석

병산 서원에 들어서면 우리를 맞는 건물이 바로 만대루예요. 만대루는 '병산의 푸른 절벽은 오후 늦게서야 대할 만하다'라는 뜻이에요. 해질 무렵 만대루에서 바라본 낙동강과 산의 풍경이 가장 아름다워요. 이곳에서 학생들이 공부를 하고, 시를 지으며 쉬기도 했어요. 안으로 들어가면 중심 건물인 입교당이 있어요. 북쪽 존덕사에는 유성룡의 위패가 모셔져 있지요. 유성룡이 남긴 책과 글도 보관되어 있어 그의 흔적을 느낄 수 있어요.

만대루

기둥 사이로 보이는 풍경이 마치 7폭의 병풍을 보는 듯해.

병산 서원
위치 경북 안동시 풍천면 병산길 386
전화 054-858-5929
관람료 무료
홈페이지 http://www.byeongsan.net

우리 역사 속에는 수많은 왕들이 있어요. 하지만 후대에까지 이름이 자주 오르내리며 존경받는 왕들이 많지는 않지요. 그중 백성들이 편하게 살 수 있는 나라를 만들기 위해 온 힘을 기울인 왕으로 정조가 손꼽혀요. 다양한 개혁을 실시했지만 젊은 나이에 세상을 떠난 비운의 왕이지요. 도대체 그가 어떤 것들을 남겼기에 사람들은 그의 죽음을 안타까워하는 것일까요? 정조가 꿈꾼 세상을 만나 보아요.

조선의 개혁을 꿈꾼 정조

가슴에 아픔을 품고 자라다

어려서부터 총명했어요

궁궐 안에 웃음꽃이 피어났어요. 1752년 가을, 조선의 제22대 왕인 정조 이산이 태어났거든요. 그는 사도 세자와 혜경궁 홍씨 사이에서 태어났지요. 할아버지는 영조 임금이고요. 그는 부모뿐만 아니라 할아버지 영조 임금의 사랑을 듬뿍 받고 자랐어요. 그도 그럴 것이 정조는 어릴 때부터 남달랐거든요. 첫돌 때 돌상에 놓인 여러 가지 물건들에 전혀 관심을 두지 않고, 책을 펴 읽는 시늉만 하고 있었대요.

조선의 개혁을 꿈꾼 정조

당시 조선은 신하들끼리 나뉘어져 서로 맞섰는데, 노론이 모든 권력을 차지하고 있었어요. 영조는 노론의 도움으로 왕이 된 사람이라 그들의 눈치를 볼 수밖에 없었고요. 사도 세자는 그런 노론에 반감을 품고 있었어요. 노론 역시 사도 세자를 곱게 볼 리 없었죠. 사사건건 트집을 잡고 모함을 했어요. 그럴수록 사도 세자는 몰래 궁궐을 빠져나가고, 술에 취해 있는 날이 많았어요. 그런 사도 세자를 못마땅하게 여긴 영조는 반듯하고 영특한 손자를 더욱 아꼈어요.

★**노론** 조선 시대 붕당의 한 파로, 소론과 대립했어요.

아버지 사도 세자의 죽음을 보다

노론들은 사도 세자가 왕이 되면 자신들에게 이롭지 않다고 여겨, 어떻게든 사도 세자를 없애려고 했어요. 세자답지 못하니 그를 벌주라고 야단이었지요. 심지어 부인인 혜경궁 홍씨의 집안마저 사도 세자를 감싸려 하지 않았어요. 영조와 사도 세자 사이는 점점 벌어졌어요.

결국 영조는 상상할 수 없는 벌을 내리기로 했어요. 곡식을 담아 두는 뒤주에 사도 세자를 가둔 것이지요.

사도 세자는 살려 달라고 빌었지만 소용없었어요. 그때 정조의 나이 열한 살이었지요. 한여름, 땡볕 아래 뒤주에 갇혀 물 한 모금 먹지 못하고 죽어 가는 아버지를 보며 어린 정조는 울부짖었어요.

어린 나이에 아버지의 비참한 죽음을 본 정조는 무척이나 슬프고도 무서웠어요. 자신도 어떻게 될지 모르니 말이에요. 사도 세자의 죽음을 놓고 신하들은 두 파로 나뉘었어요. 사도 세자를 죽게 한 세력과 그의 죽음을 안타깝게 생각한 세력으로요.

할바마마, 아바마마를 살려 주시옵소서.

조선의 개혁을 꿈꾼 정조

영조를 대신해 나라를 다스리다

신하들의 모함으로 죽어 간 아버지를 본 정조는 늘 말을 아끼고 신중하게 행동했어요. 속마음도 꼭꼭 숨기며 살아야 했고요. 영조 임금도 세손인 정조를 보호하기 위해 정조를 사도 세자 형의 아들로 만들었어요. 아들을 뒤주에 가둬 죽게 만들었는데 세손마저 신하들의 세력 싸움에 내몰 수 없었으니까요. 정조는 영조의 바람대로 열심히 공부하며 왕이 될 준비를 해 나갔어요.

★**세손** 다음 왕이 될 왕자의 맏아들을 말해요.

죄인의 아들은 절대 왕이 될 수 없소이다!

조선의 개혁을 꿈꾼 정조

하지만 정조는 자신의 목숨을 노리는 세력들 때문에 늘 불안에 떨었어요. 잠잘 때조차도 옷을 제대로 벗지 못했지요. 이런 어려움 속에서도 정조는 훌륭히 성장했어요. 80세가 넘은 영조는 점점 기력이 떨어졌고, 정조가 대신 나라를 다스리게 되었지요. 반대파들은 그가 왕이 되는 것을 막으려 눈에 불을 켰어요.

정조는 이런 살얼음판 같은 상황에서도 그를 따르는 신하들의 도움을 받으며 꿋꿋하게 잘 버텨 냈어요.

영조에 이어 왕위에 오르다

조선의 제22대 왕이 되었어요

봄기운이 궁궐을 감싸던 1776년 3월, 궁궐 사람들의 발걸음이 바빴어요. 조선의 제22대 왕인 정조의 즉위식이 있는 날이거든요. 정조의 나이 스물다섯이었지요. 많은 사람들의 축하 인사를 받으며 왕위에 오른 정조는 신하들을 두루 살피며 우렁찬 목소리로 말했어요.

반대파 신하들은 눈살을 찌푸렸지요. 사도 세자의 아들이 왕위에 오르는 일은 두려운 일이었거든요. 언제 어떤 위기가 자신들에게 닥칠지 모르니 말이에요. 또한 정조가 즉위식에서 자신이 사도 세자의 아들임을 세상에 널리 선포한 것은 아버지의 죽음에 대해 쉬쉬하고만 있지 않겠다는 의지의 표현인 셈이니까요. 걱정했던 일이 눈앞에 펼쳐지자, 신하들은 또다시 음모를 꾸몄어요.

왕이 되어서도 죽음의 공포에 시달렸어요

정조가 왕위에 오른 지 일 년이 되는 날이었어요.
급히 뛰어가는 발자국 소리와 기와 깨지는 소리가 들렸어요. 정조를 해치려는 자들이 궁궐에 침입한 거예요. 그것도 왕이 잠자는 곳까지 말이에요.
"바늘방석에 앉아 있는 것 같이 두렵고, 달걀을 포개 놓은 것처럼 위태롭도다."
정조는 왕이 되고 나서도 불안한 날들을 보내야 했어요.

조선의 개혁을 꿈꾼 정조

정조를 해치려는 무리가 시중드는 사람들까지 한편으로 만들어 정조의 목숨을 노리고 있었어요. 정조는 조선을 평화롭고 튼튼하게 만들기 이전에 자신을 보호하는 것이 무척 중요했어요. 호시탐탐 자신의 목숨을 노리는 반대파 신하들에 맞서야 했지요. 그래서 왕이 된 뒤에는 자신의 목숨을 노린 사건과 관련된 반대파 신하들 수십 명을 없애기도 했어요.

정조에게 필요한 것

정조가 왕이 되기 전, 영조가 신하들 앞에서 걱정을 했어요.

"나랏일을 생각하니 잠을 제대로 잘 수가 없구나. 어린 세손이 노론과 소론이 뭔지, 병조판서와 이조판서는 누가 해야 하는지, 하물며 나랏일은 어찌해야 하는지 알겠는가?"

"세손은 그런 거 모두 알 필요가 없습니다."

반대파 신하들은 정조가 왕위에 오르기 전에도, 오른 후에도 업신여기며 목숨까지 노렸어요.

힘을 길러야 해!

조선의 개혁을 꿈꾼 정조

"백성이 만 개의 강이라면, 나는 그 위에서 강물을 비추는 밝은 달이고 싶다."
정조는 만 개의 강을 비추는 달처럼 백성들 곁에 있는 임금이 되고 싶었어요.
하지만 그러려면 힘이 필요했어요. 그는 열심히 무예를 닦았어요.
쉰 발의 화살을 쏘면 쉰 발을 모두 맞출 정도로 활을 잘 쏘았고, 칼 다루는 솜씨도 날로 늘었지요. 하지만 진정한 힘을 기르는 것은 이것만으로는 되지 않았어요. 잘 훈련된 군대와 자신의 뜻을 함께 펼쳐 갈 인재가 필요했지요. 정조는 자신을 도울 세력을 모으며 왕이 될 준비를 해 나간 거예요.

활 솜씨가 이렇게 뛰어나다니!

왕권을 강화하는 정책을 실시하다

외척과 반대파를 제거했어요

정조가 세손일 때부터 옆에서 지켜보며 그를 도운 사람이 있어요. 바로 홍국영이지요. 그는 정조가 왕이 되자마자 비서실장 역할인 도승지와 궁궐을 지키는 숙위대장이 되어 정조의 반대 세력들을 하나둘 제거했어요. 정조가 자신의 뜻을 펼칠 수 있게 힘껏 도와주었지요. 그러면서 홍국영은 막강한 권력을 휘두를 수 있게 되었어요. 권력이 커질수록 홍국영은 점점 욕심을 냈어요.

자신의 여동생을 정조의 후궁으로 들이면서 외척이 되었지요. 누이가 왕자를 낳는다면 자신을 넘볼 사람이 아무도 없을 테니까요. 그의 권력은 하늘을 찌를 듯했어요. 왕의 외척 세력이 정치를 좌지우지하는 나쁜 상황이 나타났어요. 하지만 누이는 얼마 안 가 죽고 말았어요. 얼마 후 홍국영은 무리한 욕심을 부리기 시작했어요. 정조는 홍국영을 그대로 둘 수 없었지요. 결국 3년간 거침없이 권력을 휘두르던 홍국영을 물러나게 했지요.

규장각을 설치해 인재를 길러 냈어요

정조는 외척 세력과 반대파 세력을 하나둘 제거해 가며, 새로운 개혁을 펼칠 준비를 해 나갔어요. 든든한 후원자가 될 새로운 인재들을 등용했지요. 이를 위해 왕실 도서관인 규장각을 정비했어요. 규장각은 이제 책을 보관하는 도서관을 넘어 조선의 새로운 인재들을 길러 내는 역할도 톡톡히 했지요. 규장각 관리는 당파나 신분을 가리지 않고 능력 있는 사람을 뽑았어요. 정약용과 서얼★ 출신인 박제가, 유득공 등도 모두 규장각 관리로 뽑혔지요. 정조는 이들과 함께 학문을 연구하고 나랏일을 의논했어요. 정조가 직접 가르치고, 시험을 치르기도 했대요. 이들은 정조의 개혁을 실현시키는 든든한 세력으로 성장했어요. 새로운 인재들에 의해 많은 책들이 만들어지고, 다양한 정책들이 펼쳐지게 되었어요.

★**서얼** 양반 자손 중 첩이 낳은 자식이에요.

조선의 개혁을 꿈꾼 정조

국왕 직속 부대인 장용영을 설치했어요

새가 잘 날려면 양 날개가 균형을 이루어야 하지요. 나라가 튼튼하려면 학문뿐만 아니라 군대도 튼튼해야 해요. 정조는 학문뿐만 아니라 무술 실력도 대단했어요. 그런 그가 왕이 된 후 가장 먼저 한 일 중 하나가 군대를 만드는 것이었어요. 반대파로부터 자신을 지키기 위해서였지요. 그 군대가 바로 '장용영'이에요.

조선의 개혁을 꿈꾼 정조

"오늘은 장용영 군대가 화포 쏘는 훈련을 한대. 구경 가자!"
백성들은 장용영 군대의 화포와 총, 활을 쏘고 말 위에서 재주를 부리고
바람과 같은 속도로 칼을 휘두르는 훈련을 지켜보며 박수를 보냈어요.
장용영 군사들은 조선 최고의 무예 실력을 갖추기 위해 노력했지요.
장용영 군대가 훈련하는 모습을 지켜보는 반대파 신하들은 두려웠을 거예요.
강력해지는 정조를 함부로 할 수 없을 테니까요.

신도시 화성에서 새로운 꿈을 펼치려 하다

효심이 정말 지극하셔.

사도 세자의 능을 수원으로 옮겼어요

왕권을 튼튼히 하고 백성들을 보살피면서도 정조의 마음을 아프게 하는 일이 남아 있었어요. 바로 아버지 사도 세자였지요. 정조는 억울하게 죽어 가야 했던 사도 세자의 명예를 되찾아 주고 싶었어요. 그래서 사도 세자 대신 장헌세자라 칭했어요. 그런 다음 전국 곳곳을 뒤져 가장 좋은 명당자리를 찾게 했어요. 사도 세자가 죽은 뒤 급하게 장례를 치르느라 아무 곳에나 대충 묻었거든요.

조선의 개혁을 꿈꾼 정조

능을 새롭게 옮기기로 결정된 곳은 수원에 있는 화산이었지요. 정조는 지금의 서울 동대문구 배봉산 자락에 묻혀 있던 아버지의 능을 화산으로 옮겼어요. 아버지에 대한 효심이 깊었던 정조는 정성을 다해 능을 만들었어요. 최고의 기술자에게 조각품을 만들게 했고, 소나무를 비롯한 좋은 나무들을 빼곡하게 심었어요.

아바마마, 잘 지내셨는지요.

신도시 수원 화성을 건설했어요

1794년 정조는 신하들을 모아 놓고 새로운 도시, 화성을 건설할 계획을 발표했어요. 화성을 새로운 정치를 펼칠 중심지로 삼을 생각이었지요. 반대파 신하들은 이를 탐탁지 않게 여겼지만, 정조의 강력한 의지를 꺾을 수는 없었어요. 화성은 원래 계획보다 빠른 2년 6개월 만에 완성되었어요. 정약용이 거중기 등의 새로운 기구를 만들어 공사에 사용한 덕분이었지요. 무엇보다 공사하는 사람들에게 품삯을 주니 더욱 열심히 일할 수밖에요.

조선의 개혁을 꿈꾼 정조

화성은 말 그대로 신도시였어요. 최고의 방어 시설을 갖춘 성으로, 한양으로 가는 길목에 위치해 교통의 중심지였지요. 동시에 상인들이 편하고 자유롭게 장사할 수 있도록 허락되었어요. 또 커다란 저수지를 여러 개 만들어 가뭄의 영향을 덜 받고 농사를 지을 수 있게 했어요. 성안에 반듯하게 놓인 십자로 등 모든 것이 조선에서는 찾아볼 수 없는 도시의 모습이었지요. 왕이 행차했을 때 묵을 수 있는 궁궐인 행궁도 있었어요.

정조는 화성에 자주 갔어요

그날은 특별한 날이었어요. 바로 정조가 어머니 혜경궁 홍씨를 모시고 화성 행궁에 가는 날이었거든요. 그곳에서 혜경궁 홍씨의 환갑잔치가 열렸지요. 아침부터 임금님의 행차 길을 보기 위해 많은 사람들이 나와 산과 들을 가득 메웠어요. 평생 한 번 볼까 말까 한 임금의 얼굴이 보고 싶어 아침 일찍부터 자리를 잡고 기다리고 있었지요. 임금을 모신 6천여 명의 수행원과 1400여 필의 말이 한강 배다리를 건너는 모습은 정말 장관이었지요.

★**배다리** 작은 배를 여러 척 띄우고 그 위에 널판을 깐 다리를 가리켜요.

조선의 개혁을 꿈꾼 정조

창덕궁에서 수원 행궁까지는 꽤 먼 거리예요. 50km 가까운 거리였지요. 중간중간 쉬면서 가야 했어요. 한참을 가던 중 행렬이 걸음을 멈추었지요. 징소리가 울리더니 한 백성이 눈물을 흘리며 자신의 억울한 사연을 이야기했어요. 행차 기간에 수많은 사람들이 자신의 억울한 사연을 이야기했고, 정조는 이를 해결해 주었지요. 이렇듯 정조는 억울한 마음을 하소연할 데 없는 백성들의 이야기를 들어 주는 훌륭한 임금이었어요.

수원 화성 한 바퀴

수원 화성은 정조의 오랜 꿈이 담긴 곳이에요. 그는 반대파가 득실거리는 한양에서 벗어나 아버지가 잠들어 있는 화성으로 올 때면 어느 때보다 마음이 편안했을 거예요. 하지만 수원 화성을 만든 것이 단순히 아버지 능에 자주 오고 싶은 마음만은 아니었어요. 그의 꿈이 담긴 도시를 만들어 새로운 정치를 펼치고자 했던 거예요.

수원 화성
위치 경기 수원시 장안구 영화동 190
전화 031-290-3600
관람료 청소년 700원, 어린이 500원
홈페이지 http://www.swcf.or.kr

서북공심돈

화서문

화성성역의궤가 그대로 남아 있어 한국 전쟁 때 파괴되었던 수원 화성을 원래 모습으로 복원할 수 있었대.

서장대

화성 행궁

서남각루

102

화성은 총 5.4km의 성벽으로 둘러싸여 있지요. 남쪽에는 정문인 팔달문, 북쪽에는 장안문이 있어요. 동쪽과 서쪽에 두 개의 문이 더 있고요. 다섯 개의 암문을 두어 전쟁 중에 적에게 들키지 않고 양식 등을 나를 수 있도록 했지요. 공심돈은 안이 텅텅 비어 있고, 대포나 총, 화살을 쏠 수 있게 구멍을 낸 것이지요. 물이 흐르는 문인 화홍문도 있어요. 화홍문 동쪽 벼랑에는 방화수류정이라는 정자가 있지요. 정자에서 본 수원 화성의 모습이 가장 아름답다고 해요.

★**암문** 성벽에 만들어 놓은 문으로, 필요할 때에 비상구로 사용했어요.

스러져 간 정조의 꿈

김홍도 그림으로 백성의 모습을 살폈어요

정조는 백성들이 어떻게 사는지 늘 궁금했어요. 왕이 직접 나가 백성들을 만나면 좋겠지만 그럴 수는 없었거든요. 정조는 김홍도에게 백성들이 사는 모습을 그려 오라고 했어요. 그는 정조의 명령에 따라 서당에서 공부하는 아이들, 담배를 써는 농부 등 백성들의 생활을 그려 정조에게 보여 주었지요.

"어이쿠, 이 녀석이 훈장님께 매를 맞고 있군."
"농부들이 새로운 작물인 담배 농사를 지어 내다 파는군."
다양한 모습과 표정을 하고 있는 그림 속 백성들을 보며 정조는 때론 껄껄거리며 웃기도 하고, 안타까운 마음을 갖기도 했을 거예요.
또한 나라를 어떻게 다스려야 할지 생각했을 거예요.

조선의 개혁을 꿈꾼 정조

105

자유롭게 장사하는 상인들이 늘었어요

규장각 출신 학자들 중에는 백성들의 실제 생활에 관심을 둔 학자들이 많아요. 그들은 상업을 발전시켜야 하며 청나라 문물을 받아들여야 한다고 주장했지요. 정조도 이러한 생각에 관심을 기울였어요. 새로운 생각을 바탕으로 새로운 세상을 열어 가려고 했던 것이지요. 그런 덕분인지 정조 때 상업에 있어 큰 변화가 일어났어요.

조선의 개혁을 꿈꾼 정조

당시만 해도 상인이 마음대로 물건을 팔 수 없었어요. 특히 한양 도성에서는 나라에 세금을 낸 상인들만이 허락을 받고 특정한 물건을 팔 수 있었지요. 허락받지 않은 상인이 장사를 하면 물건을 빼앗기까지 했어요. 이런 권리를 '금난전권'이라고 해요. 하지만 정조는 이를 폐지했어요. 명주나 종이 등 여섯 가지 물건을 나라에 대는 육의전 상인을 제외하고는 누구나 자유롭게 장사할 수 있었어요. 덕분에 상업은 더욱 발전했지요.

갑작스러운 죽음과 꽃피우지 못한 꿈

정조가 꿈꾼 세상을 만들어 가는 일은 쉽지 않았어요. 정조가 하는 대부분의 일들은 늘 반대파 신하들에 부딪혔거든요. 아무리 젊은 정조였어도 늘 밤늦게까지 나랏일을 살피는 것은 힘든 일이었지요. 그러던 어느 날, 몸이 약해졌던 탓인지 오랫동안 앓아 온 종기가 등에 다시 생겨났어요. 더운 여름, 종기는 그를 무척이나 괴롭혔어요. 궁궐 의원들이 좋은 약을 써 가며 병을 낫게 하려고 애썼지요. 하지만 정조는 고열에 시달리며 힘든 하루하루를 보냈어요.

조선의 개혁을 꿈꾼 정조

병이 난 지 한 달도 채 안 된 어느 날, 정조는 49세의 젊은 나이에 갑자기 죽음을 맞이했어요. 누군가는 탕약에 독을 탔다고 이야기하지만 정확히 알 수는 없어요. 정조는 11세의 어린 세자만 남기고 세상을 떠나고 말았어요. 죽음과 함께 그의 꿈도 사라지고 말았지요. 왕권을 강화하여 신하들에게 휘둘리지 않는 강력한 왕이 되려 했던 꿈 말이에요. 더불어 조선의 개혁도 멈추었어요. 어린 세자가 왕위에 오르자 몇몇 외척 가문이 나랏일을 좌지우지하는 세도 정치가 시작되었고, 조선은 혼란스러워졌지요.

정조가 남긴 비밀 편지들

정조는 수많은 편지를 남겼는데, 인간 정조의 모습을 엿볼 수 있는 내용들이 많아요. 외숙모에게 보낸 한글 편지도 있지요. 무엇보다 반대파 신하인 심환지에게 보낸 350여 통의 편지들이 발견되면서 놀라움을 줬어요. 이 편지들은 우리가 알고 있던 내용을 뒤집기도 해요.

"내가 내일 이것에 대해 신하들에게 물을 것이오. 자네가 이러한 해결 방안을 내놓으시오. 그러면 내가 승낙하겠소."

정조는 반대파인 심환지와 미리 벌어질 일에 대해 짜 놓은 것이지요.

심환지의 큰아들이 과거 시험에서 떨어지자 위로의 편지를 보내기도 했어요. 말이 안 된다고요? 어떻게 반대파하고 짜고 정치를 했냐고요? 혹 정조가 반대파마저도 쥐락펴락하는 능력을 지닌 노련한 정치가이지 않았을까요? 아니면 심환지가 진정한 반대파가 아닐 수도 있고요. 정조는 비밀 편지를 읽은 뒤에는 꼭 찢어 버리라고 부탁했어요. 흔적이 남지 않게 말이에요. 하지만 남겨진 비밀 편지 덕에 우리는 역사의 새로운 면을 볼 수 있지요.

우리가 만들어 가야 할 사회는 어떤 사회일까요? 개인의 권리가 인정받는 사회, 모든 사람들이 평등하게 대우받고 함께 잘사는 사회, 전쟁 없는 평화로운 사회일 거예요. 이런 사회를 만들기 위해 지금도 수많은 사람들이 곳곳에서 다양한 노력을 기울이고 있지요. 그런데 지금으로부터 약 130년 전에도 평등한 세상을 꿈꾸며 봉기를 일으킨 사람이 있어요. 바로 전봉준이지요. 그가 봉기를 일으키게 된 원인은 무엇일까요? 그의 봉기는 과연 성공했을까요? 지금부터 그 이야기를 살펴보아요.

동학을 만나다

몸집이 작아 녹두라고 불렸어요

전봉준은 1855년 전라도 고창 당촌 마을에서 태어났어요. 그는 몰락한 양반 집안으로, 아버지가 서당 훈장을 해서 겨우 살아갔어요. 전봉준의 아버지는 여기저기 떠돌며 살았어요. 전봉준도 아버지를 따라 옮겨 다녀야 했지요. 전봉준은 어려서는 명숙이라 불렸어요. 몸집이 작았지만 전쟁놀이를 하거나, 이웃 마을 무리들과 겨루기를 할 때 앞장서며 친구들을 이끌었지요. 몸집이 작아 이름 대신 '녹두'라고도 불렸지요.

나를 따르라!

동학 농민 운동을 이끈 녹두 장군 전봉준

결혼해서는 가족을 먹여 살리기 위해 약초를 캐서 팔고, 집터나 묘자리를 봐주는 일도 했어요. 편지를 대신 써 주거나, 사주나 점을 봐주며 사람들의 인심을 얻기도 했지요. 또 서당에서 아이들에게 글을 가르치며 생계를 유지했어요. 전봉준은 이리저리 떠돌며 김개남, 손화중 등을 만나기도 했어요. 과연 이들과 함께 전봉준은 어떤 일을 하게 될까요?

동학을 접하고 새로운 세상을 꿈꾸다

1800년대 들어서면서 조선은 바람 앞에 등불 같았어요. 왕은 허수아비 같은 존재로, 왕의 외척 등 몇몇 가문이 권력을 차지하고 나랏일을 좌지우지하는 세도 정치가 이루어졌거든요. 탐관오리들은 갖가지 세금을 거두며 자신들의 배를 채우기 바빴어요. 백성들은 추수를 해도 남는 게 없었지요. 참다못한 농민들이 전국 방방곡곡에서 들불처럼 들고일어났어요. 한편 우리나라 배와 모양이 다른 배를 탄 서양 세력이 조선 앞바다에 자주 나타났어요. 조선 사람들은 위협을 느꼈지요.

★**탐관오리** 백성의 재물을 탐내어 빼앗는, 행실이 바르지 못한 관리를 말해요.

동학 농민 운동을 이끈 녹두 장군 전봉준

이때 백성들에게 빛과 같은 역할을 한 것 중 하나가 바로 동학이에요. 서양 문물과 천주교 등 서양의 학문이 들어와 퍼져 나가자 우리의 전통이 흔들렸어요. 이를 본 최제우는 1860년 동학을 창시했어요. 전봉준도 1890년 즈음 동학을 접하게 되었어요. 그는 동학을 믿는 사람들을 이끄는 접주가 되었어요.

동학 교도들, 최제우의 억울함을 풀려 하다

1864년, 동학을 창시한 최제우가 처형당했어요. 사람들의 마음을 홀리고 세상을 어지럽힌다는 이유에서였지요. 하지만 동학의 2대 교주인 최시형이 동학을 널리 전하면서 동학을 믿는 사람들은 점점 늘어났어요.
'사람이 곧 하늘이다, 새로운 세상이 올 것이다.'라는 동학의 가르침은 사람들에게 희망을 주었어요. 세력을 넓힌 동학 교도들이 최제우의 억울한 죽음을 풀기 위해 1892년 삼례에 모였어요.

동학을 인정해 달라고 요구했지만 뜻대로 되지 않았어요. 이듬해에는 동학 교도 대표들이 한양으로 올라가 광화문 앞에 엎드려 동학을 탄압하지 말 것을 요구했어요. 하지만 소용없었어요. 얼마 후 또다시 충청도 보은에 수만 명에 달하는 동학 교도들이 모였어요. 이때는 탐관오리와 외세를 몰아내자는 구호도 내걸었지요. 하지만 정부가 군대를 동원해 진압하겠다고 으름장을 놓아 해산할 수밖에 없었어요.

동학이 뭐예요?

동학은 최제우가 창시한 종교예요. 서양 문물과 천주교 등을 '서학'이라고 불렀는데, 이에 맞서 우리 것을 지키려고 해 '동학'이라고 했어요. 유학을 공부한 최제우는 유교뿐만 아니라 불교, 도교 그리고 우리의 전통 사상과 천주교의 일부 내용까지 담았어요. 몰락한 양반부터 농민, 부녀자 들에 이르기까지 많은 사람들이 동학을 믿고 따랐지요. 무엇보다 신분의 차이가 엄격했던 조선 사회에서 하늘 아래 인간은 평등하다는 이야기는 사람들의 마음을 움직이기에 충분했어요.

계속된 세도 정치 속에서 백성들은 전정과 군정, 환곡으로 하루하루 힘겨운 날들을 보내야 했어요. 조선에 손을 뻗친 외국 세력들로 인해 경제적으로 어렵기도 했고요. 쌀이나 콩 등의 곡물이 일본으로 빠져나가 곡물 가격이 갑자기 오르기도 했어요. 일본에서 값싼 면제품이 들어오면서 조선에서 생산된 면제품이 잘 팔리지 않아 어려움을 겪었지요. 탐관오리들의 수탈에 시달리던 농민들 중에 동학을 믿는 사람들이 많았어요. 이러한 상황 속에서 동학을 믿는 사람들과 농민들이 중심이 되어 동학 농민 운동이 일어나게 되지요.

고부에서 농민들이 들고일어나다

고부 군수 조병갑에게 시달린 고부 농민들

"오호, 저 넓은 배들평야(오늘날의 정읍 이평면)를 보고 있으니 절로 배가 부르군."

고부(지금의 정읍) 땅에 부임해 온 군수 조병갑은 흐뭇한 미소를 지었어요. 자신의 배를 두둑이 채울 수 있다는 생각에서였죠. 기름진 넓은 평야가 펼쳐진 고부 지역은 가을이 되면 누렇게 익은 곡식들로 넘실거렸어요. 지방 수령이라면 누구나 오고 싶어 눈독을 들이는 지역이었지요.

동학 농민 운동을 이끈 녹두 장군 전봉준

"고부 백성이 편안히 농사지을 수 있도록 물을 가두어 두는 보를 쌓을
것이다."
이미 만석보가 있는데 또 보를 쌓으려 하니 백성들은 화가 치밀었지요.
조병갑은 보를 쌓아 농사에 도움을 주겠다고 했지만 속셈은 따로 있었어요.
물세를 거두어들여 욕심을 채울 생각이었지요. 가을 추수를 마친 뒤
보에서 물을 끌어다 썼으니 물세를 내놓으라고 으름장을 놓았어요.
뿐만 아니라 버려진 땅을 일구어 농사를 지으면 세금을 걷지 않겠다고
하고선 가을이 되자 세금을 거두었어요.

123

아버지의 죽음에 더욱 분노한 전봉준

조병갑은 이웃 고을에서 수령을 했던 아버지의 공로를 알리는 비석을 세운다는 이유로, 백성들에게 많은 돈을 거두었어요. 또 불효를 했다고, 형제끼리 화목하게 지내지 않았다고 세금을 내라고도 했지요. 전봉준과 농민들은 관아로 찾아가 하소연했지만 흠씬 두들겨 맞고 쫓겨났어요. 1893년 전봉준과 농민들은 사발통문★을 만들며 봉기를 계획했어요. 고부 농민들은 봉기 전 지푸라기라도 잡는 심정으로 조병갑을 한 번 더 만나 보기로 했어요. 하지만 조병갑은 자신을 찾아온 전봉준 아버지를 비롯한 농민들을 눈 하나 꿈쩍하지 않고 가두어 버렸지요. 전봉준의 아버지는 곤장을 맞은 후 감옥에서 죽고 말았어요. 전봉준은 끓어오르는 분노를 참을 수 없었어요. 당장이라도 조병갑의 목을 베고 싶었지만 어쩔 수 없이 참아야 했지요. 새로운 군수가 올지도 모르니까요.

★**사발통문** 한뜻을 가진 사람들의 이름과 앞으로 할 일을 함께 적어 놓았지요. 주동자가 누군지 알 수 없도록 사발 모양으로 빙 둘러 썼어요.

고부 농민들이 들고일어났어요

전봉준과 농민들은 새 군수가 오면 탐관오리들을 벌주고 농민들의 불만을 없애 줄 거라 믿었어요. 그런데 이게 웬일일까요? 새로 온다는 군수는 안 오고, 조병갑이 눌러앉아 있었지요.
전봉준은 더 이상 참을 수 없었어요.
오랫동안 준비해 온 계획을 실천하기로 했어요.
"고부 백성들은 모두 말 목장터로 모이시오."

참는 데도 한계가 있다!

가만히 있으니까 가마니로 보이냐!

동학 농민 운동을 이끈 녹두 장군 전봉준

걸음아, 날 살려라.

탐관오리들을 모조리 잡아 죽이자.

1894년 1월 어둠이 내려앉은 깊은 밤, 횃불과 대나무 창을 손에 든 고부 농민들이 하나둘 모여들었어요. 맨 앞에는 결의에 찬 눈빛을 한 키 작은 사람이 있었어요. 바로 전봉준이지요.
"우리는 참을 만큼 참았소. 조병갑과 같은 탐관오리의 목을 벱시다."
전봉준과 천여 명의 농민들은 고부 관아로 쳐들어갔어요. 그러자 조병갑은 뒤도 돌아보지 않고 도망을 쳤지요.

억울한 죄인을 풀어 주고 백성들에게 곡식을 나눠 주었어요

고부 관아를 점령한 전봉준과 농민들은 만석보도 파괴해 버렸어요. 또 억울한 죄인들을 풀어 주고 창고의 곡식들을 백성들에게 나누어 주었지요. 고부 농민들은 봉기군의 행동에 박수를 보냈어요. 농민들은 손에 낫과 괭이, 죽창을 들고 하나둘 모여들었어요.

동학 농민 운동을 이끈 녹두 장군 전봉준

고부 봉기 소식이 전해지자 다급해진 정부는 새로운 군수를 고부로 보냈어요. 그러자 농민들의 분노가 가라앉았어요. 농민들의 마음을 잘 헤아린 듯했거든요. 전봉준도 기대가 컸어요. 하지만 기대는 오래가지 못했어요. 그간의 일을 조사하러 온 이용태라는 조사관이 관군을 이끌고 와 봉기와 관련된 농민들은 물론 동학 교도들까지 감옥에 가두어 버렸어요. 심지어 이들을 나라를 뒤흔드는 역적 무리로 몰았지요.

농민이 주인 되는 세상을 꿈꾼 동학 농민 운동

동학 농민 운동이 일어났어요

전봉준과 농민들은 더 이상 두고 볼 수가 없었어요. 결국 1894년 4월, 다시 봉기를 일으켰어요. 이번에는 농민군뿐만 아니라 동학을 믿는 사람들도 모여들었어요. 전봉준을 비롯해 여러 명의 동학 접주들이 봉기군을 이끌었어요. 전라도 지역 곳곳에서 봉기한 동학 농민군의 수는 만여 명 가까이 되었대요. 야트막한 언덕인 백산은 봉기군으로 뒤덮였지요.

동학 농민 운동을 이끈 녹두 장군 전봉준

동학 농민군이 앉으면 대나무 죽창만 보이고 서면 흰옷 입은 사람들로 가득해 '앉으면 죽산, 서면 백산'이라고 했대요. 전봉준은 수많은 봉기군 앞에서 네 가지 규칙을 내걸고 당찬 목소리로 결의를 다졌어요. 그는 탐관오리로부터 백성을 구하고 나라를 지키려고 봉기했음을 분명히 밝혔어요. 백성들이 잘사는 새로운 세상을 만들기 위해서 말이에요.

- 사람을 죽이거나 재물을 손상하지 말 것
- 충효를 다하여 세상을 구하고 백성을 편안하게 할 것
- 일본 오랑캐를 내쫓고 동학의 가르침을 알릴 것
- 한양으로 가 권력자들을 처벌할 것

황토현에서 승리를 거두었어요

백산에 모인 동학 농민군은 전주를 거쳐 한양으로 갈 생각이었어요. 봉기군의 소식을 전해 들은 조정에서는 전라도 지역에 군사들을 보냈어요. 전라도 감사는 군대를 모아 동학 농민군을 막으려 했어요. 정부군이 백산의 동학군을 공격해 오자 전봉준은 전략을 바꿨어요. 정부군에게 지는 척하며 백산을 내주고 황토현으로 유인하기로 했지요.

동학 농민 운동을 이끈 녹두 장군 전봉준

농민군이라고 얕잡아 보지 마라!

전봉준의 예상은 딱 들어맞았어요. 어두운 밤 정부군이 황토현을 공격해 왔어요. 황토현의 지리를 잘 알고 있던 동학 농민군은 기습적인 공격을 해 큰 승리를 거두었어요.

"와, 우리가 승리했다! 녹두 장군 만세, 만세!"

만세 소리가 새벽을 가르며 울려 퍼졌지만 그 광경을 지켜본 전봉준의 마음은 그리 편치만은 않았어요. 목숨을 잃은 사람들 모두 같은 조선의 백성들이었으니까요.

동학 농민군이 전주에서 화약을 맺고 해산했어요

황토현에서 승리를 거둔 동학 농민군은 사기가 하늘을 찌를 듯했어요. 이후 황룡촌 전투에서도 큰 승리를 거두었고요. 그 기세를 몰아 전주성까지 점령했지요. 전주성 안에 있던 백성들은 성문을 열어 주고 그들을 크게 환영했어요. 당황한 고종 임금은 동학 농민군을 설득하는 편지를 보냈어요. 하지만 그들의 마음을 돌리기에는 너무 늦었어요. 관군의 힘만으로 동학 농민군을 진압할 수 없다는 판단을 한 고종은 청나라에 군사를 보내 달라고 요청했어요. 청나라 군대가 조선에 오자, 이를 구실로 일본 군대도 조선에 왔어요.

동학 농민 운동을 이끈 녹두 장군 전봉준

전봉준은 청나라에 이어 일본 군대까지 상륙하자, 정부에 화약을 맺자고 했어요. 자칫 조선이 두 나라의 전쟁터가 될 위기였거든요.
전봉준은 개혁안을 제시했어요. 정부와 동학 농민군 사이에 화약이 맺어졌어요. 화약을 맺은 후 동학 농민군은 해산해 자기 고을로 돌아갔어요. 그리고 정부도 개혁을 한다며 교정청을 설치했고, 동학 농민군은 고을 관아에 집강소를 설치해 개혁을 추진하려 했지요.

★화약 화해를 하고 약속을 맺는 것을 말해요.

135

농민들의 자치 행정 기구인 집강소

동학 농민군이 조정과 화약을 맺고 해산했어요. 농민군이 제시한 개혁을 하겠다는 약속을 하고요. 하지만 조정의 실천이 늦어지자, 동학 농민군이 개혁을 실천하기 위해 직접 나섰어요. 동학 농민군은 각 고을의 관아에 집강소를 두었어요. '집강'은 동학의 접주를 뜻하는 말이에요. 집강으로 동학 교도들이 임명되어 동학 농민군이 제시한 개혁을 추진해 나갔어요.

농민들을 엄청 괴롭혔어요.

집강소는 전라도 53개 고을에 설치되었어요. 집강소를 통해 동학 농민군은 무엇을 하려고 한 것일까요? 탐관오리도 벌하고 잘못된 세금 제도도 바로잡으려고 했지요. 신분제를 없애기 위한 노력도 했고요. 농민들 스스로의 힘으로 사회를 바꾸려고 한 거예요. 당시 집강소가 설치되었다는 것은 무척 큰 의미가 있어요. 양반 관리가 아닌 농민들이 직접 고을을 다스리는 일을 했으니 말이에요.

동학 농민 혁명 기념관
위치 전북 정읍시 덕천면 동학로 715
전화 063-536-1894
관람료 무료
홈페이지 http://www.1894.or.kr

동학 농민 운동 과정에 벌어진 청일 전쟁

청나라 군대가 조선에 상륙했다는 소식을 들은 일본은 바로 다음 날 군대를 조선에 보냈어요. 도대체 왜 그런 것일까요? 그건 임오군란 이후 청나라와 일본 사이에 맺은 톈진 조약 때문이에요. 한 나라가 조선에 군대를 보내면 상대방에게 즉시 알리도록 했거든요. 청나라와 일본이 군대를 보내오자 동학 농민군은 전주에서 정부와 화약을 맺고 스스로 해산했어요. 더 이상 외국 군대가 간섭할 구실이 사라진 것이지요.

동학 농민 운동을 이끈 녹두 장군 전봉준

일본은 청나라에 함께 조선을 개혁하자고 했지요. 청나라와 협상이 잘되지 않자 일본은 군대를 보내 경복궁을 점령했어요.
1894년 7월, 일본군은 풍도 앞바다의 청나라 군함을 기습적으로 공격했어요. 청일 전쟁이 벌어진 거예요. 평양과 황해 바다에서 큰 승리를 거둔 일본은 이제 청나라 땅까지 공격했어요. 1895년 전쟁은 일본의 승리로 끝이 났고, 청은 조선에 대한 주도권을 일본에 넘겨주어야 했지요.

139

외세를 몰아낼 것을 주장하며 다시 일어섰어요

청일 전쟁이 일본에 유리하게 전개되고 있을 때, 일본은 조선 정부가 하는 일을 자기들 마음대로 좌지우지하려고 했어요. 그러면서 두 나라 사이에 전운★이 감돌았어요.

"나라를 위해 우리가 흩어졌는데, 조선이 외국 세력의 손아귀에 들어가게 생겼으니 두고 볼 수만은 없다."

1894년 9월, 동학 농민군은 전라도 삼례에서 다시 들고일어났어요. 이번에는 충청도 논산에 모인 뒤, 공주를 거쳐 한양까지 치고 올라갈 작정이었어요.

★**전운** 전쟁이나 전투가 벌어지려는 형세를 가리켜요.

동학 농민 운동을 이끈 녹두 장군 전봉준

이때 전봉준이 이끄는 남접 동학 농민군과 손병희가 이끄는 북접 동학 농민군이 힘을 합쳤지요. 이 소식이 전해지자 조정에서는 일본에 군대를 요청했어요. 드디어 공주로 가는 우금치 고개에서 동학 농민군의 운명을 건 전투가 벌어졌어요. 7일 동안 수십 차례에 걸친 치열한 전투가 벌어졌지요. 죽기 살기로 싸웠지만 신식 무기로 무장한 일본군과 관군에 동학 농민군은 처참하게 무너졌지요.

지금도 기억되는 동학 농민 운동의 정신

전봉준이 체포되었어요

우금치 전투에서 패배한 동학 농민군은 남쪽으로 후퇴할 수밖에 없었어요. 하지만 이대로 주저앉을 수만은 없었지요. 이후 다시 일어나 전라도 지역에서 관군과 맞붙었으나 지고 말았어요.

전봉준은 피눈물을 흘리며 부하 몇 명과 함께 이곳저곳 몸을 피해 다녀야했어요.

동학 농민 운동을 이끈 녹두 장군 전봉준

차가운 겨울바람에 지칠대로 지친 전봉준은 전라도 순창에 있는 김경천을 찾아가 몸을 피하기로 했어요. 김경천은 그동안 뜻을 함께한 부하였거든요.
"장군, 이곳에서 따뜻한 국밥을 먹으며 몸 좀 녹이고 계시오."
전봉준 일행이 주막에서 식사하는데, 무리들이 몰려오는 발자국 소리가 들려왔어요. 곧 덩치 큰 사람들이 주막을 포위했어요.
큰 액수의 현상금에 눈먼 김경천이 전봉준을 신고했던 거예요.

역시 돈 앞에 의리도 없군.

백성과 나라를 위해 싸운 내가 왜 죄인 취급을 받는지….

역적의 누명을 쓰고 죽음을 맞이했어요

체포된 전봉준은 포승줄에 꽁꽁 묶인 채 한양으로 끌려가 일본인들의 손에 넘겨졌지요. 체포 과정에서 심하게 다친 전봉준은 제대로 걷지도 못하고 들것에 실려 재판장에 도착했어요. 그는 나라를 혼란스럽게 한 역적 취급을 당했어요.

"백성들이 원통해하고 힘들어하니, 그들을 위해 잘못된 것을 고치려고 한 것이다."

전봉준은 오직 나라와 백성을 위해 봉기했음을 또박또박 밝혔어요.

새야 새야 파랑새야~
녹두밭에 앉지 마라
녹두 꽃이 떨어지면~

동학 농민 운동을 이끈 녹두 장군 전봉준

전봉준은 죽음 앞에서도 흔들림이 없었어요. 처형되는 순간 그에게 마지막 할 말을 묻자, "다른 할 말은 없다. 나를 죽일진대 종로 네거리에서 목을 베고, 오가는 사람들에게 내 피를 뿌려 주기를 바란다."라고 이야기했어요. 그가 죽은 뒤, 슬픔에 젖은 사람들이 녹두 장군 전봉준을 떠올리며 노래를 불렀다고 해요.

청포 장수 울고 간다~

되살아난 녹두 장군 전봉준

전봉준과 더불어 동학 농민 운동을 이끈 다른 지도자들도 체포되어 처형당했어요. 그렇게 동학 농민 운동은 끝이 난 듯 보였지요. 동학 농민군이 주장했던 여러 가지 요구 사항은 이후 갑오개혁* 등 여러 가지 개혁으로 이어졌어요. 조정에서도 백성들의 개혁 요구를 모른 체하고 있을 수만은 없게 된 것이지요. 또 동학 농민군 중 일부는 일제의 침략에 맞서 의병 활동을 벌이기도 했어요.

★갑오개혁 1894년에 정부가 주도해 이루어진 개혁을 말해요.

동학 농민 운동을 이끈 녹두 장군 전봉준

전봉준이 세상을 떠난 지 123년 만인 2018년 4월 24일, 종로 거리에 전봉준 동상이 세워졌어요. 이 동상은 정부와 200여 명의 국민 모금으로 세워졌어요. 동상이 세워진 곳은 전봉준이 죽어 간 곳으로, 조선 시대 죄인들을 가둔 의금부 터가 있던 곳이에요. 동상을 볼 때마다 그가 만들고자 한 세상과 동학 농민 운동의 정신을 다시금 생각해 보게 된답니다.

일제 강점기, 많은 사람들이 일제에 맞서 처절한 독립운동을 펼쳤어요. 독립운동가 중 우리에게 가장 잘 알려진 사람을 꼽으라면 단연코 이분을 꼽을 수 있어요. 바로 김구예요. 수많은 사람들이 존경하는 역사적 인물이지요. 그는 나라의 독립뿐만 아니라 광복 이후 통일 정부를 세우기 위해서도 많은 노력을 했지요. 김구의 삶은 마치 영화와도 같았다고 해요. 도대체 그의 삶이 어떠했기에 이런 이야기를 하는 것일까요?

나라의 독립과 통일을 위해 평생을 바친 김구

동학을 접하고 평등한 세상을 만들려 하다

엄청난 개구쟁이였어요

황해도 해주 백운방 텃골에서 우렁찬 울음소리와 함께 사내아이가 태어났어요. 아버지는 아이 이름을 창암이라고 지었어요. 바로 우리가 알고 있는 김구 선생이지요. 왜 이름이 김구가 아니냐고요? 김구라는 이름은 뒷날 고친 이름이에요. 그가 태어난 1876년에는 강화도 조약이 맺어져 조선이 일본에 의해 강제로 문을 연 시기예요. 그의 집안은 원래 양반 가문이었는데, 조상 중 한 분이 역적으로 몰려 숨어 살아야 했어요. 가세가 점점 기울어 김구네는 입에 풀칠하며 겨우겨우 살아갔지요.

숟가락 하나 없어졌다고 큰일 나겠어?

나라의 독립과 통일을 위해 평생을 바친 김구

김구는 못 말리는 개구쟁이였어요. 엿이 너무 먹고 싶었던 김구는 아버지의 놋숟가락을 댕가당 부러뜨려 엿과 바꾸어 먹었어요. 또 어느 날은 떡이 먹고 싶어 아버지가 숨겨 놓은 돈 꾸러미를 찾아내 허리에 차고 떡집으로 갔어요. 마침 떡집 가는 길에 집안 어른에게 걸려 결국 집으로 돌아왔지요. 이 사실을 안 아버지는 김구를 엄청 혼냈지만 이후에도 장난은 끊이지 않았어요.

과거장에서 맞닥뜨린 잘못된 세상

"아니, 상놈 주제에 양반 갓을 써? 갓을 찢어 버려라!"
김구의 집안 어른이 사돈을 만나러 밤중에 갓을 쓰고 나갔다가 이웃 마을 양반에게 들켜 혼쭐이 났어요. 이 이야기를 들은 김구는 아버지에게 물었어요. 과거에 급제하면 양반이 될 수 있다는 아버지의 말에 그는 공부하고 싶다고 졸랐어요. 김구의 아버지는 동네 아이들을 모아 서당을 만들기로 했어요. 김구는 열심히 공부했고, 시험을 치면 늘 일등을 했지요. 그러던 어느 날, 김구는 공부를 그만둬야 했어요. 아버지의 병이 깊어져, 어머니는 아버지와 함께 용하다는 의원을 찾아 돌아다녔어요.

나라의 독립과 통일을 위해 평생을 바친 김구

가족이 흩어져 살게 되면서 그는 큰집에 맡겨졌는데, 얼마 후 다행히 아버지 건강이 좋아져 다시 공부할 수 있었어요. 과거도 볼 수 있게 되었지요. 하지만 과거장은 그가 생각했던 것과는 딴판이었어요. 돈을 주며 합격시켜 달라고 조르는 사람, 다른 사람이 대신 답안지를 써 주는 모습 등 갖가지 나쁜 일이 벌어졌거든요.

동학을 접하고 이름을 바꾸었어요

과거장에서 본 모습에 충격받은 김구는 한동안 집밖을 나오지 않았어요.
"양반이 되기 위한 공부를 해서 무엇 하겠는가? 차라리 살아가는 데 도움되는 공부나 해야겠군."
이후 김구는 풍수지리와 관상학에 관한 공부를 했어요. 그런데 관상을 공부하며 자신의 얼굴을 보니 출세도 못 하고, 가난하게 살 얼굴이었어요. 무척 실망이 컸지요. 하지만 '얼굴 좋음이 몸 좋음만 못 하고, 몸 좋음이 마음 좋음만 못 하다.'라는 책 내용은 김구에게 큰 깨달음을 주었지요.

★풍수지리 강이나 땅의 모습이나 방위 등으로 인간의 앞날을 점치는 이론이에요.
★관상학 얼굴의 생김새를 가지고 인간의 앞날을 점치는 학문이에요.

그러던 어느 날, 이웃 마을에 사는 오응선을 만나면서 김구의 삶은 큰 변화를 겪게 되지요. 그는 김구에게 동학이 어떤 종교인지 가르쳐 주었어요.
"동학은 사람이 곧 하늘이라고 말합니다. 신분이 높고 낮건, 부자건 가난한 자건 모두 귀하고 평등하지요."
동학의 가르침에 따르면 새로운 세상을 만들 수 있을 것 같은 마음이 들었어요. 김구는 이후 창암에서 창수로 이름을 바꾸고, 해주 지방의 접주가 되어 동학을 믿는 사람들을 이끌었지요. 그때 그의 나이 19세로, 사람들은 그를 아기 접주라고 불렀어요.

불의를 참지 못해 옥살이를 하다

참스승 고능선을 만났어요

김구는 동학 농민 운동이 일어났을 때 해주에서 동학 농민군을 이끌고, 해주성을 공격하기도 했어요. 평등한 세상을 만들려던 동학 농민 운동에 적극 참여한 것이지요. 하지만 동학 농민 운동은 일본이 끼어들어 관군과 함께 농민군을 공격하면서 실패하고 말았어요. 이후 나라 사정은 말이 아니었어요. 관리들은 나라를 제대로 이끌어 가지 못했고, 일본과 서양 강대국들이 한반도를 좌지우지하려고 발톱을 세웠어요.

이때 김구는 그의 일생에 큰 도움이 되는 참스승 고능선을 만나게 되었어요. 고능선은 동학 농민군의 패배로 희망을 잃은 그에게 새로운 힘을 불어넣어 주었어요. 그러면서 청나라로 가서 사정을 파악하고 오라고 했지요.

나라가 망할 상황에서도 백성은 끝까지 힘써야 한다.

나라의 독립과 통일을 위해 평생을 바친 김구

네~ 스승님!

청나라

으악!

국모의 원수를 갚으려 일본인을 죽였어요

청나라로 가던 김구는 명성 황후가 일본인에 의해 비참하게 살해되었다(을미사변, 1895년)는 소식을 접하게 되었어요. 그는 끓어오르는 분노를 참을 수 없었어요. 그러던 중 황해도의 한 주막에 묵게 되었어요. 그때 그의 눈에 띈 사람이 있었어요. 그는 한복을 입고 조선말을 쓰고 있었지만, 분명 일본인 같았어요. 옷 사이로 일본 칼이 보였거든요.

"국모를 살해한 미우라이거나 그 일당인 게 분명해."
그렇게 확신한 김구는 망설임 없이 그를 걷어찼고, 이내 그를 죽이고 말았지요. 그런 뒤 김구는 당당하게 국모의 원수를 갚기 위해 적의 목을 베었다는 내용의 글을 써 놓았어요. 그는 나라를 위해 한 일임을 떳떳이 밝혔어요. 하지만 그 일본인은 명성 황후를 시해한 사람이 아니었어요. 일본에 대한 조선인의 분노가 하늘을 찌를 듯했기에 눈에 띄는 일본인을 죽이는 사건이 벌어졌던 거예요. 결국 이 일로 김구는 체포되어 감옥에 갇히고 말았어요.

★**국모** 임금의 부인이나 어머니를 말해요.
★**시해** 부모 혹은 임금이나 왕비를 죽이는 것을 말해요.

국모의 원수를 갚기 위해
적의 목을 베다.

김창수

나라의 독립과 통일을 위해 평생을 바친 김구

감옥에서 탈출했어요

인천에서 감옥살이를 하게 된 김구는 여러 가지 조사를 받았어요. 그때마다 김구는 당당하게 이야기하며 오히려 호통을 쳤지요. 그러던 어느 날, 신문에 그의 사형 날짜가 보도되었어요. 그 사실을 알게 된 고종 황제는 당장 사형을 그만두라는 명령을 내렸지요. 많은 사람들이 김구를 감옥에서 꺼내기 위해 노력했어요. 김구 스스로도 우리 민족에게 죄인인 일본 놈들의 죄인 노릇을 할 이유가 없다고 생각했어요.
결국 김구는 탈출하기로 마음먹고 그동안 파 놓은 땅굴을 통해 감옥 밖으로 탈출했지요.

내가 왜 일본 놈의 죄인 노릇을 한단 말인가!

대한민국 임시 정부를 찾아가다

신민회에 가입해 활동하고, 이름을 김구로 바꿨어요

탈출에 성공한 김구는 일본인의 눈에 띄지 않기 위해 여기저기 돌아다니며 살았어요. 마곡사라는 절에 들어가 머물기도 했지요. 자신과 뜻을 같이할 사람들을 찾기도 했어요. 그러던 중 1905년, 일제는 을사늑약을 강요해 대한 제국의 외교권을 빼앗아 갔어요. 자기들의 보호국으로 삼은 일제는 우리 정부 일에 하나하나 간섭하기 시작했지요. 이때 수많은 민족 운동가들이 나라를 지키기 위한 노력을 했어요. 안창호 등 많은 민족 운동가들은 '신민회'라는 비밀단체를 조직했어요. 신민회는 학교를 세우고, 독립군을 길러 내는 등 독립운동을 벌였어요. 김구도 신민회에 가입해 활동했지요.

나라의 독립과 통일을 위해 평생을 바친 김구

1910년 일제는 한국 병합 조약을 강제로 맺어 대한 제국을 식민지로 만들어 버렸지요. 이후 일제는 독립운동가들을 잡아들이려고 눈에 불을 켰어요. 신민회 회원과 독립운동가 수백 명을 마구 잡아들였지요. 김구 등 105명의 독립운동가들이 유죄 판결을 받았고, 신민회는 결국 1911년에 해체되었지요. 이때 김구는 모진 고문을 당하며 죄를 인정하라고 협박당했지만 끝까지 버텨 냈어요. 그는 감옥에서 이름을 창수에서 '김구'로 바꾸고, 평범한 사람이란 뜻의 '백범'을 호로 삼았어요.

3·1 운동 이후 중국으로 건너갔어요

몇 년 뒤 감옥에서 풀려난 김구는 교육 활동을 벌이고, 농촌에서 사람들을 깨우치며 동분서주했어요. 그는 밤낮으로 미행을 당하며 일본 경찰의 감시를 받는 처지였어요. 1919년 3월 1일, 서울을 중심으로 만세 운동이 일어났어요. 사람들은 일제의 탄압에도 꺾이지 않고 소리 높여 대한 독립 만세를 외쳤어요. 만세 운동은 몇 달 동안 이어졌어요.

나라의 독립과 통일을 위해 평생을 바친 김구

하지만 일제의 계속된 탄압에 우리 민족은 숨죽일 수밖에 없었어요. 많은 독립운동가들은 국내에서의 독립운동이 더 이상 쉽지 않음을 깨닫게 되었지요.

"중국 땅으로 건너가야겠군. 그곳이라면 일제의 감시를 피해 자유롭게 독립운동을 펼칠 수 있을 거야."

김구는 뜻을 같이한 여러 명의 동지들과 함께 중국 상하이에 세워진 대한민국 임시 정부를 찾아갔어요.

대한민국 임시 정부에서 일하게 되었어요

3·1 운동 이후, 곳곳에서 독립운동을 이끌어 가던 지도자들은 고민이 많았어요. 독립운동을 조직적으로 이끌어 갈 하나의 조직이 필요했거든요. 그래서 대한민국 임시 정부를 세우기로 마음을 모았지요. 일제의 탄압을 피할 수 있는 상하이에 임시 정부 건물인 청사를 마련했어요. 이후 우리나라를 대표하는 정부임을 세계에 널리 알렸어요. 이승만을 초대 대통령으로 세웠고요.

나라의 독립과 통일을 위해 평생을 바친 김구

그런데 나라 이름을 대한민국으로 한 이유는 무엇일까요? 황제의 나라가 아닌 국민의 나라로, 국민이 주인임을 명확히 하려 한 거예요. 권력을 세 기구로 나눈 민주 공화제 형태의 정부였지요. 국내에 비밀 조직을 두고, 독립운동에 필요한 돈을 마련하고 정보도 모았지요. 신문도 발행하고, 외교 활동도 활발하게 벌여 나갔어요. 그 무렵 180cm가 넘는 우람한 체격의 김구는 초대 경무국장(지금의 경찰청장)이 되었어요.

대한민국 임시 정부의 문지기로 살다

어려움 속에서 임시 정부를 지켜 냈어요

"임시 정부의 문지기라도 되겠소."

임시 정부를 찾아온 김구가 한 말이에요. 그 말대로 김구는 이후 임시 정부를 지키기 위해 참으로 많은 일들을 했어요. 임시 정부의 앞날을 놓고 독립운동가들이 모여 회의를 했는데, 서로 의견을 모으지 못하고 대립하다 많은 사람들이 떨어져 나가기도 했어요. 임시 정부의 살림을 꾸려 가기에 돈도 턱없이 부족했고요. 하지만 김구는 든든한 버팀목이 되었어요. 임시 정부 청사를 여러 차례 옮겨 갈 때에도 임시 정부 식구들을 이끌며 지켜 냈지요. 훗날에는 임시 정부 주석이 되기도 했어요.

나라의 독립과 통일을 위해 평생을 바친 김구

한인 애국단을 만들었어요

1931년 만주를 침략한 일본은 이듬해 일본의 꼭두각시 정부인 만주국을 세웠어요. 그런 후 중국 본토까지 영향력을 미치기 시작했어요. 임시 정부는 예전만큼 활발한 활동을 펼치기 어려웠지요. 김구는 새로운 방법의 독립운동을 고민하다가 한인 애국단을 만들었어요. 단원인 윤봉길은 일본군 상하이 점령 기념식이 열리는 훙커우 공원에서 물병 폭탄을 던졌어요. 윤봉길 의거가 성공하자 중국 국민당을 이끄는 장개석은 "중국 100만 대군도 못 한 일을 조선의 한 청년이 해냈다."라며 크게 기뻐했어요. 그리고 우리의 독립운동을 끝까지 돕겠다고 했지요.

충칭으로 옮겨 간 대한민국 임시 정부

윤봉길 의거 이후 일제는 김구를 체포하기 위해 60만 원의 현상금을 내걸었어요. 지금으로 따지면 200억이 넘는 큰돈이지요. 일제가 얼마나 김구를 없애고자 했는지 짐작이 가지요? 일본군의 공격을 받은 중국 국민당 정부가 이곳저곳으로 옮겨 다니게 되자, 대한민국 임시 정부도 그들을 따라 상하이를 떠나야 했지요. 이후 중국의 여러 도시를 거쳐 충칭에 자리를 잡게 되었어요.

나라의 독립과 통일을 위해 평생을 바친 김구

100여 명이 넘는 임시 정부의 대식구를 데리고 이동하는 일은 쉬운 일이 아니었어요. 먹을 것도 잠잘 곳도 없었던 적이 많았어요. 동쪽에서 아침밥을 먹고 서쪽으로 이동해 잠자야 한다는 말이 생길 정도였지요. 겨우 세를 얻어 지낼 곳을 마련하기도 했지요. 일본군의 폭격으로 지하 방공호에 들어가 살아야 했던 적도 많았고요. 한때 김구는 강이나 호수의 배 위에서만 생활하기도 했어요. 수많은 어려움 속에서도 자신의 소원은 첫째도, 둘째도, 셋째도 독립임을 외치면서 견뎌야 했지요.

한국광복군을 조직했어요

일제는 1937년 중일 전쟁을 일으키면서 식량은 물론 쇠붙이도 다 거둬 갔어요. 심지어 숟가락까지 가져갔지요. 청년들은 전쟁터로, 어린 소녀들은 일본군 위안부로 끌려가 성노예 역할을 강요받았지요. 많은 사람들이 탄광 등지에서 고된 노동을 해야 했고요. 우리 민족의 정신도 송두리째 없애려고 했지요. 김구를 비롯한 임시 정부 사람들은 더 이상 두고 볼 수만은 없었어요. 우리 힘으로 독립을 이뤄 내기 위해서는 군대가 필요하다는 생각을 했어요.

나라의 독립과 통일을 위해 평생을 바친 김구

1940년 충칭에서 한국광복군을 만들었어요. 중국 각지에 흩어져 있는 군인들 300여 명을 모았지요. 1941년에 일본이 미국의 진주만을 공격해 태평양 전쟁을 일으켰어요. 그러자 임시 정부는 일본에 전쟁을 벌일 것임을 알렸어요. 영국 등 연합군과 함께 일본군에 맞서는 작전에 참여했고, 국내에 침투할 작전을 펼칠 준비도 했지요. 그러던 중 원자폭탄을 맞은 일본이 연합군에 항복하자, 1945년 8월 15일 우리 민족은 꿈에 그리던 광복을 맞게 되었어요.

한반도에 통일 정부를 세우려 하다

드디어 꿈에 그리던 조국으로 돌아오다

김구는 일본이 항복했다는 소식을 듣고 무척이나 안타까워했어요. 35년간의 일제 식민 통치에서 벗어나는 것은 너무도 큰 기쁨이었지만 우리 민족 스스로의 힘으로 독립하지 못한 것은 너무도 안타까운 일이었어요. 김구는 하루라도 빨리 조국으로 돌아가 새로운 나라를 건설하고자 했어요. 하지만 쉽게 돌아갈 수 없었어요. 미국에 있던 이승만도 이미 들어와 있었는데 말이에요.

1945년 11월 23일, 김구와 임시 정부 식구들은 광복을 맞이한 뒤 3개월이 지나서야 돌아올 수 있었지요. 미군이 대한민국 임시 정부를 공식 정부로 인정하지 않아 결국 일반인의 자격으로 들어와야만 했어요. 광복을 맞은 뒤 국내에서는 여운형 등 많은 지도자들이 새로운 국가 건설을 놓고 논의했지만, 딱히 결론을 내지 못했어요. 일본군의 무장 해제를 목적으로 한반도에 38도선이 그어지고 남쪽은 미군이, 북쪽은 소련군이 점령했지요.

신탁 통치 반대 운동을 벌이다

조국에 돌아온 김구는 전국 곳곳에서 강연을 하며 많은 사람들의 환영을 받았어요. 1945년 12월 모스크바에서 회의가 열렸어요. 미국·영국·소련의 외무장관들이 모여 한반도를 어떻게 할 것인지를 놓고 회의를 했어요. 이때 한반도에 임시 정부를 세우고 최고 5년간 미국·영국·소련·중국이 우리나라를 통치하겠다고 했어요. 이를 '신탁 통치'라고 해요. 김구는 신탁 통치를 하면 안 된다고 주장했어요. 일본의 식민 지배에서 겨우 벗어났는데, 또 다른 나라의 지배를 받는다고 생각해서였지요.

나라의 독립과 통일을 위해 평생을 바친 김구

남한만의 총선거 실시가 결정되었어요

한반도에 임시 정부를 어떻게 세울지 의논하기 위해 미국과 소련이 회의를 열었어요. 하지만 뜻을 하나로 모으지 못했지요. 그러자 미국이 한반도 문제를 유엔(국제 연합)에 넘기자고 했어요. 이전에 이미 이승만은 남한만이라도 단독 정부를 세워야 한다고 주장했지요. 하지만 김구는 이를 받아들일 수 없었어요. 유엔에서는 총선거를 실시해 곧바로 정부를 세울 것을 결정했어요. 그러나 북한과 소련이 이를 받아들이지 않았어요.

통일 정부 수립을 위해 북으로 가다

김구는 유엔 결정이 나기 전부터 줄곧 남한만의 단독 정부 수립을 반대했어요. 유엔에서 남한만의 총선거를 결정하자, 38도선을 넘어 평양으로 갔지요. 김일성을 만나 통일 정부 세우는 것을 의논하기 위해서였지요. 통일 정부를 세울 수만 있다면 공산주의자든 누구든 만나야 한다고 생각했어요. 남북 협상을 하고 남쪽으로 돌아왔지만 김구의 생각대로 되지는 않았어요.

나라의 독립과 통일을 위해 평생을 바친 김구

1948년 5월 10일, 남한만의 총선거가 치러졌어요. 이후 국회가 구성되고 헌법도 만들어졌어요. 그리고 드디어 1948년 8월 15일 대한민국 정부가 세워졌어요. 이승만을 초대 대통령으로 선출했고요. 북한에서도 1948년 9월 9일 조선 민주주의 인민 공화국이 들어섰어요. 이제 남과 북에는 서로 다른 두 개의 정부가 세워지고 한반도는 분단되었지요. 그리고 분단은 지금까지 이어져 오고 있어요.

죽는 순간에도 외쳤을 나의 소원

"탕, 탕, 탕, 탕."

1949년 6월, 네 발의 총소리와 함께 김구가 쓰러졌어요. 귀국 후 지내 오던 경교장에서 안두희가 쏜 총에 맞아 결국 죽음을 맞이했어요. 온 국민이 목 놓아 슬퍼했어요. 신문에서는 김구와 같은 당에서 활동하던 안두희가 김구와 생각이 달라지면서 그를 죽인 것이라고 발표했어요. 하지만 정말 안두희 혼자 생각으로 그런 것인지 고개를 갸우뚱하는 사람들이 많았어요.

나라의 독립과 통일을 위해 평생을 바친 김구

훗날 밝혀진 사실이지만 안두희는 개인적인 생각으로 김구를 죽인 게 아니었어요. 일제의 앞잡이 노릇을 하던 친일파들이 그 사건과 관련되어 있었어요. 또 김구와 대립했던 사람들이 모의해 죽였다는 의견도 있어요. 죽어 가는 그 순간에도 김구가 하고 싶었던 말은 무엇이었을까요? 아마도 통일된 조국에서 살고 싶다는 말이었을 거예요. 지금까지도 그의 소원은 이루어지지 못하고 있어요. 하지만 남과 북이 평화를 위해 노력하고 있으니 곧 하나 될 날도 꿈꿀 수 있겠죠?

한걸음 더

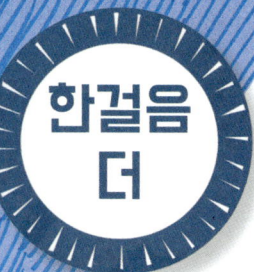

백범 김구 기념관을 찾아서

백범 김구 기념관은 서울특별시 용산구에 있는 효창공원 안에 있어요. 대부분의 사람들이 이곳에 백범 김구 기념관이 있는지 모르고 지나치는 경우가 많아요. 김구의 뜻을 잇기 위해 2002년에 세워진 기념관이지요. 이 기념관을 세우기 위해 모금 운동을 벌이기도 했어요.

기념관 안에 들어서면 나라의 독립과 통일 조국 건설을 위해 평생을 바친 김구 동상이 우리를 맞아 줘요. 전시장 입구에 쓰여 있는 글귀는 우리에게 깊은 감명을 주기도 하지요. 우리나라를 부강한 나라가 아닌 세계에서 가장 아름다운 나라로 만들고 싶어 했던 김구의 마음이 고스란히 전해진답니다.

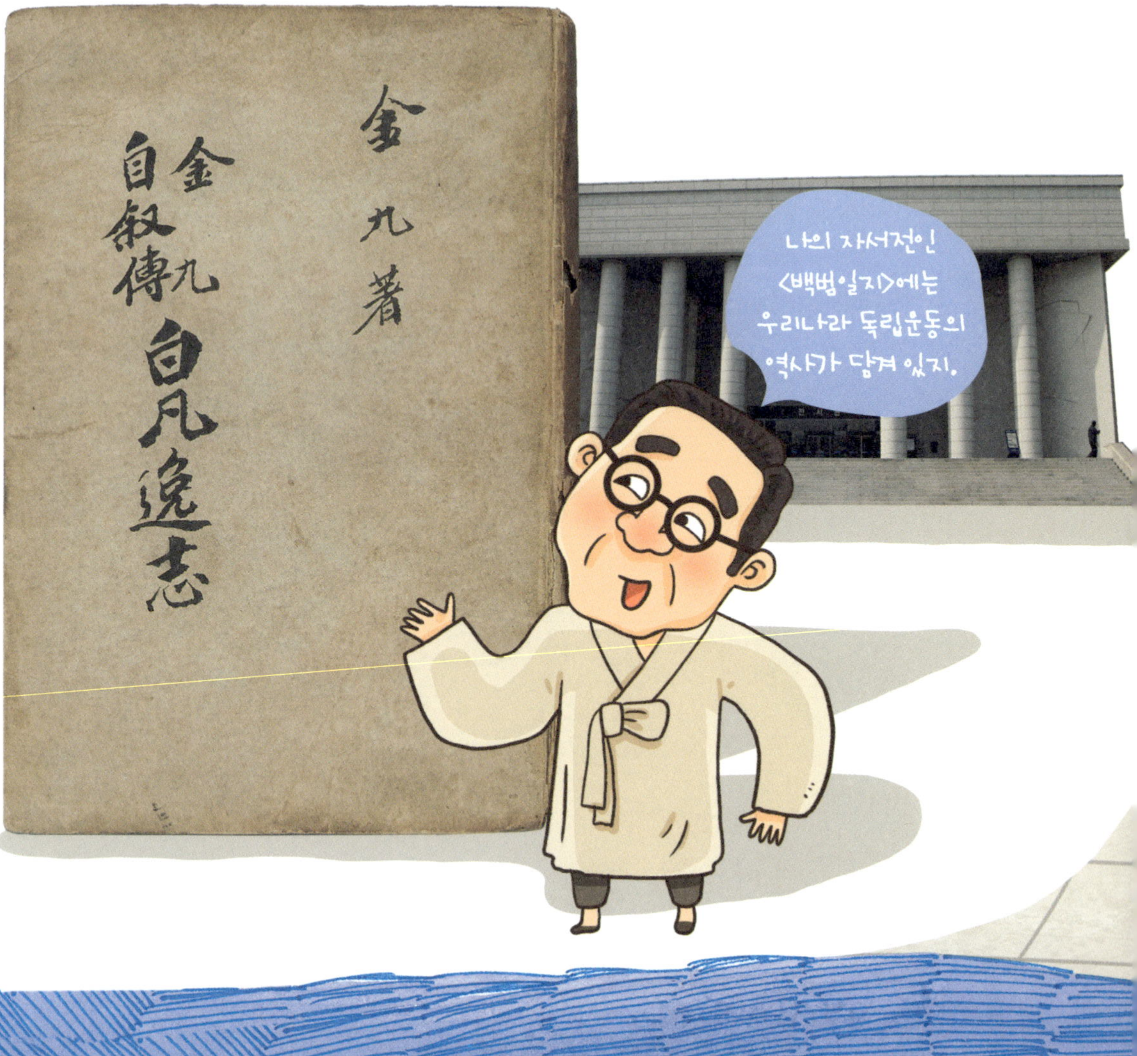
金九著
金九
自叙傳
白凡逸志
나의 자서전인 <백범일지>에는 우리나라 독립운동의 역사가 담겨 있지.

전시실에서는 김구의 어린 시절, 독립운동 과정, 임시 정부에서의 활동 모습과 그의 안타까운 죽음까지 살펴볼 수 있어요. 무엇보다 뒤에서 말없이 지켜 주었던 어머니 곽낙원 여사의 모습도 만날 수 있어요. 그녀는 반찬값을 아껴 독립운동에 필요한 돈을 마련하고 임시 정부 활동을 도왔지요. 김구가 옥에 갇혔을 때는 일을 해 주고 얻은 찬밥을 그에게 가져다주었다고 해요.

기념관 밖에는 김구의 묘가 조성되어 있어요. 멀지 않은 곳에 독립을 위해 목숨 바쳐 싸운 이봉창, 윤봉길, 백정기 삼의사의 묘가 있어요. 이 묘역에는 안중근 의사의 가묘도 함께 있어요. 그는 중국 뤼순 감옥에서 죽어 가면서 우리나라가 광복을 맞이하거든 조국에 묻어 달라고 했지요. 하지만 그의 유해를 찾지 못해 아직도 이곳에 모시지 못하고 있답니다.

★**가묘** 시신을 묻기 전에 임시로 만들어 놓은 무덤이에요.

백범 김구 기념관
위치 서울 용산구 임정로 26
전화 02-799-3400
관람료 무료
홈페이지 http://www.kimkoomuseum.org

그림으로 보는 시대를 이끈 인물들

정도전

연도	나이	사건
1342년	1세	충청도 단양 출생.
1360년	19세	성균시에 합격함.
1375년	34세	친원배명정책에 반대해 유배를 당함.
1383년	42세	이성계를 찾아감.
1388년	47세	위화도 회군.
1391년	50세	과전법을 실시함.
1392년 4월	51세	정몽주가 이방원에게 살해됨.
1392년 7월	51세	조선을 건국함.
1394년	53세	〈조선경국전〉을 편찬함.
1394년~1395년	53~54세	경복궁을 건설함.
1398년	57세	요동 정벌을 추진함. 제1차 왕자의 난 때 이방원에 의해 죽음을 맞음.

유성룡

연도	나이	사건
1542년	1세	경상북도 의성 출생.
1562년	21세	이황의 제자로 들어감.
1566년	25세	별시 문과에 급제함.
1591년	50세	우의정으로 이조판서를 겸함. 이순신을 전라좌도 수군절도사로 추천함.
1592년	51세	임진왜란 때 도체찰사로 군사를 지휘함. 영의정에 오름.
1598년	57세	노량 해전에서 이순신이 숨을 거둠. 북인들의 탄핵으로 벼슬을 내려놓음.
1600년	59세	안동으로 내려가 제자들을 가르침.
1604년	63세	〈징비록〉 저술을 마침.
1607년	66세	죽음을 맞음.

정조

연도	나이	사건
1752년	1세	출생.
1759년	8세	세손에 책봉됨.
1762년	11세	아버지 사도 세자가 뒤주에 갇혀 죽임을 당함.
1775년	24세	영조를 대신해 대리청정을 시작함.
1776년	25세	조선 제22대 왕으로 즉위함. 규장각을 설치함.
1791년	40세	금난전권 폐지함(신해통공).
1793년	42세	왕권 강화를 위한 장용영을 설치함.
1796년	45세	수원 화성을 건설함.
1800년	49세	일생을 마침.

전봉준

연도	나이	사건
1855년	1세	전라도 고창 출생.
1890년	36세	동학에 입교함.
1892년	38세	고부 지역의 동학 접주로 임명됨.
1894년 1월	40세	고부에서 봉기함.
1894년 4월	40세	전주성을 점령함.
1894년 5월	40세	전주 화약을 맺음.
1894년 6월	40세	일본군이 경복궁을 점령함.
1894년 9월	40세	동학 농민군이 다시 봉기함.
1894년 11월	40세	우금치 전투에서 패배함.
1894년 12월	40세	순창에서 체포됨.
1895년 3월	41세	서울에서 처형됨.

김구

연도	나이	사건
1876년	1세	황해도 해주 출생.
1894년	19세	동학 접주가 되어 해주성을 공격함.
1896년	21세	치하포 사건으로 옥살이를 하게 됨.
1909년	34세	신민회에 가입하여 활동함.
1911년	36세	데라우치 총독 암살 모의 혐의 관련자로 체포됨.
1919년	44세	대한민국 임시 정부 초대 경무국장이 됨.
1931년	56세	한인 애국단을 조직함.
1940년	65세	임시 정부 국무위원회 주석에 취임함.
1941년	66세	한국광복군을 창설함.
1945년 8월	70세	광복을 맞이함.
1945년 11월	70세	임시 정부 국무위원 일동과 귀국함.
1948년 4월	73세	남북 협상을 위해 북으로 감.
1948년 5월	73세	5·10 총선거에 참여하지 않음.
1949년	74세	안두희에게 암살됨.